CADERNO DE APRENDIZAGEM

VOLUME
4
ENSINO FUNDAMENTAL

MATEMÁTICA

IBEP
1ª edição
São Paulo — 2023

Coleção Caderno de Aprendizagem
Matemática Volume 4

Diretor superintendente	Jorge Yunes
Diretora editorial	Célia Assis
Edição	Viviane Mendes e Mizue Jyo
Produção de conteúdo	Rebeca Helangela Albuquerque Mendes (gestora), Elias Coutinho Marques (coordenador) e Cíntia Maciel Batista Diógenes (autora)
Assistentes editoriais	Isabella Mouzinho e Stephanie Paparella
Revisoras	Yara Affonso e Erika Alonso
Edição de arte	Mizue Jyo
Secretaria editorial e processos	Elza Mizue Hata Fujihara
Projeto gráfico e capa	Aline Benitez
Diagramação	NPublic
Produção gráfica	Marcelo Ribeiro
Ilustrações	Ilustra Cartoon, Mariana Tiemi, Shutterstock
Ilustração de capa	Vanessa Alexandre

Dados Internacionais de Catalogação
na Publicação (CIP) de acordo com ISBD

I12c IBEP - Instituto Brasileiro de Edições Pedagógicas

Caderno de Aprendizagem: Matemática / IBEP - Instituto Brasileiro de Edições Pedagógicas. - São Paulo : IBEP - Instituto Brasileiro de Edições Pedagógicas, 2023.
160 p. ; 20,5cm x 27,5cm. – (Caderno de Aprendizagem ; v.4)

Inclui índice.
ISBN: 978-65-5696-316-7 (Aluno)
ISBN: 978-65-5696-317-4 (Professor)

1. Educação. 2. Ensino fundamental. 3. Livro didático. 4. Matemática.
I. Título. II. Série.

CDD 372.07
2023-372 CDU 372.4

Elaborado por Vagner Rodolfo da Silva – CRB-8/9410
Índice para catálogo sistemático:
1. Educação – Ensino fundamental: Livro didático 372.07
2. Educação – Ensino fundamental: Livro didático 372.4

1ª edição – São Paulo – 2023

Rua Gomes de Carvalho, 1306, 11º andar, Vila Olímpia
São Paulo – SP – 04547-005 - Brasil – Tel.: (11) 2799-7799
www.ibep-nacional.com.br

Gráfica Impress - Julho de 2023

APRESENTAÇÃO

Prezado aluno,

Este material foi elaborado de maneira que você possa realizar diversas atividades de Matemática a fim de desenvolver ainda mais suas habilidades nessa disciplina durante todo o processo de aprendizagem.

O livro está organizado em sequências, e cada uma delas trata um assunto da Matemática, por exemplo: Números, Grandezas e medidas, Geometria, além de outros que vão ajudar você a compreender melhor as situações do dia a dia.

Ao final de cada sequência, nosso Diário de Bordo registra os conhecimentos que foram estudados em cada uma, permitindo a você que os retome, caso sinta necessidade.

Temos certeza de que o **Caderno de Aprendizagem** será um grande aliado em seu processo de desenvolvimento escolar.

Bons estudos!

Os editores.

SUMÁRIO

SEQUÊNCIA 1

LOCALIZAÇÃO

VAMOS COMEÇAR!

Observe a imagem a seguir, que mostra algumas ruas de um bairro.

SHUTTERSTOCK/EDITORIA DE ARTE

a) Identifique na imagem uma rua paralela à Rua 2.

b) Identifique na imagem uma rua paralela à Rua A.

c) Identifique na imagem duas ruas que sejam perpendiculares.

VAMOS ENTENDER! !!!

1. Júlia desenhou seu quarto visto de cima, mas acha que precisa corrigir seu desenho, pois ficou meio torto.

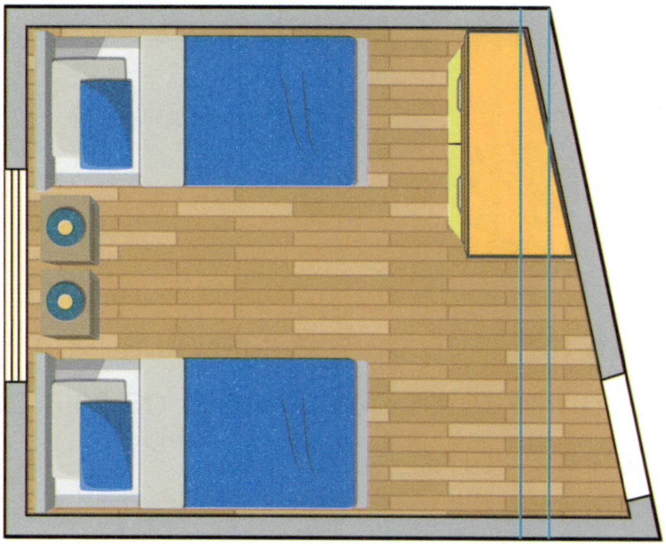

SHUTTERSTOCK/MARIANA TIEMI

a) Usando o canto de um livro ou de uma folha de papel, encontre no desenho de Júlia os cantos das paredes que não formam um ângulo reto. Faça um **X** na imagem.

b) Refaça o desenho do quarto de Júlia com todos os cantos formando ângulos retos.

Sempre que duas linhas se cruzam, formam-se ângulos entre elas. Linhas retas que se cruzam são chamadas de **transversais**. Quando elas formam um ângulo reto entre si são chamadas **perpendiculares**.

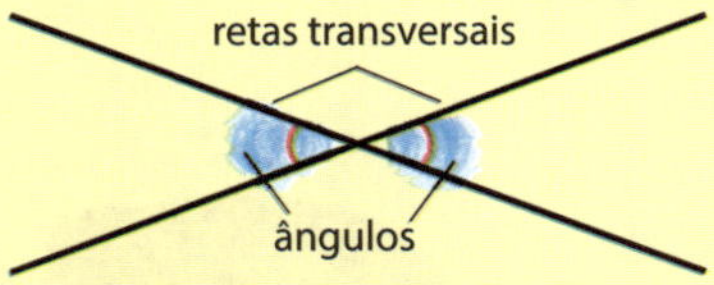

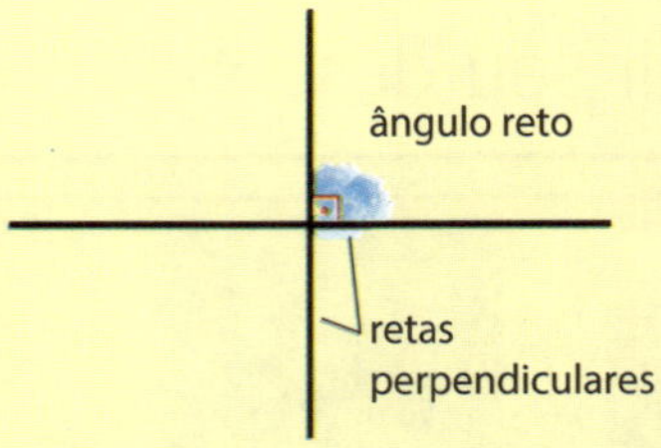

MARIANA TIEMI

2. No espaço a seguir, faça um desenho de sua sala de aula, vista de cima. Descubra se há ângulos retos nas paredes da sala de aula e identifique-os em seu desenho.

3. O mapa a seguir mostra algumas ruas do bairro onde Janaína trabalha. Seu local de trabalho fica localizado entre a Rua Vitória e a Rua dos Timbiras, em uma rua transversal à Rua dos Andradas.

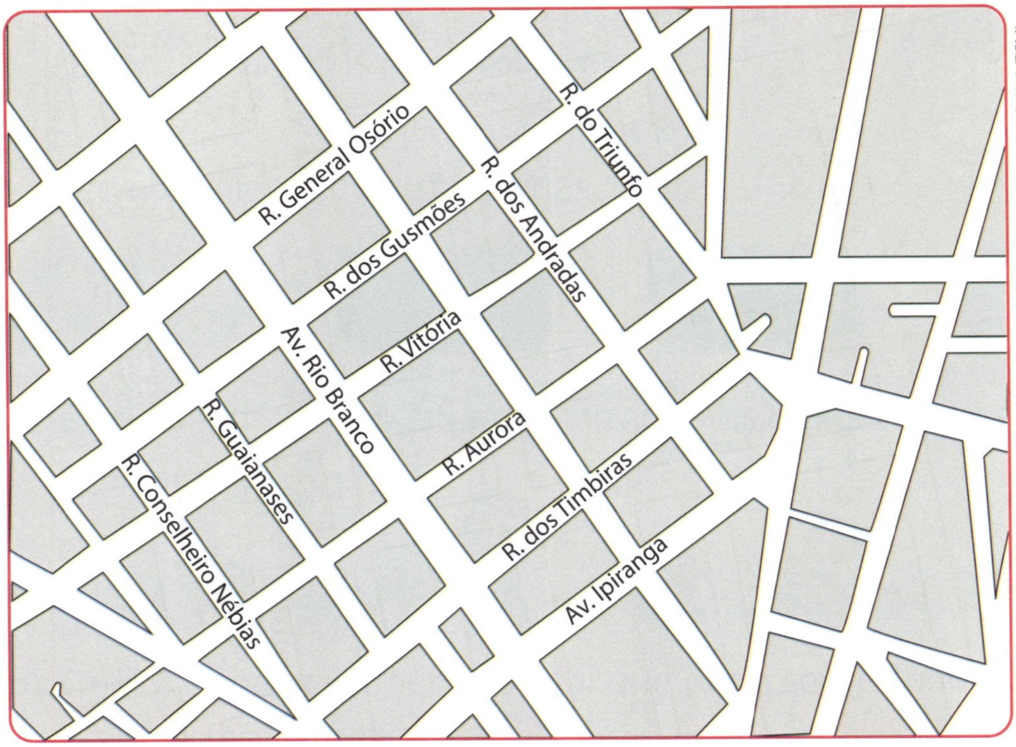

MARIANA TIEMI

a) Qual é o nome da rua onde Janaína trabalha?

____

b) Escreva o nome de duas ruas paralelas à Rua Vitória.

____

c) Escreva o nome de duas ruas transversais à Rua Vitória.

____

Duas linhas retas são **paralelas** quando elas não se cruzam.

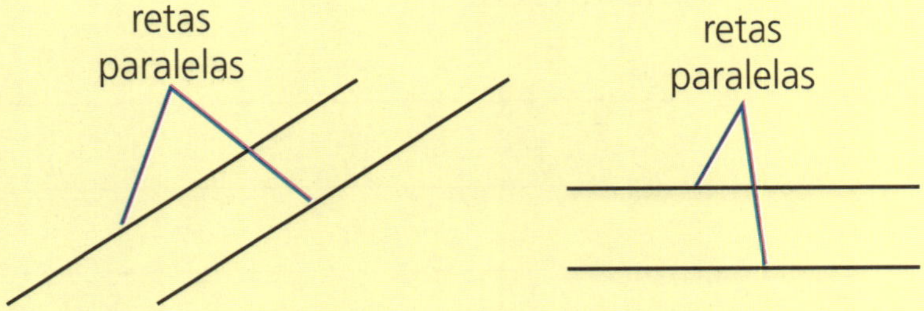

4. Pedro está no cruzamento da Rua José Augusto Carvalho com a Rua Professor Virgílio de Morais, em Fortaleza. A biblioteca está sinalizada com um balão.

MARIANA TIEMI

a) Faça um X no mapa no lugar em que Pedro está.

b) Circule o local da biblioteca.

c) A biblioteca fica em uma rua paralela ou transversal à Rua Curitiba? ______________________________

d) A Rua Tomás Cavalcante é paralela ou transversal à rua onde fica a biblioteca? ______________________________

e) Descreva um trajeto que Pedro pode fazer para ir de onde está até a biblioteca.

____

____

____

5. Observe um trecho do bairro onde Lucas e sua avó moram.

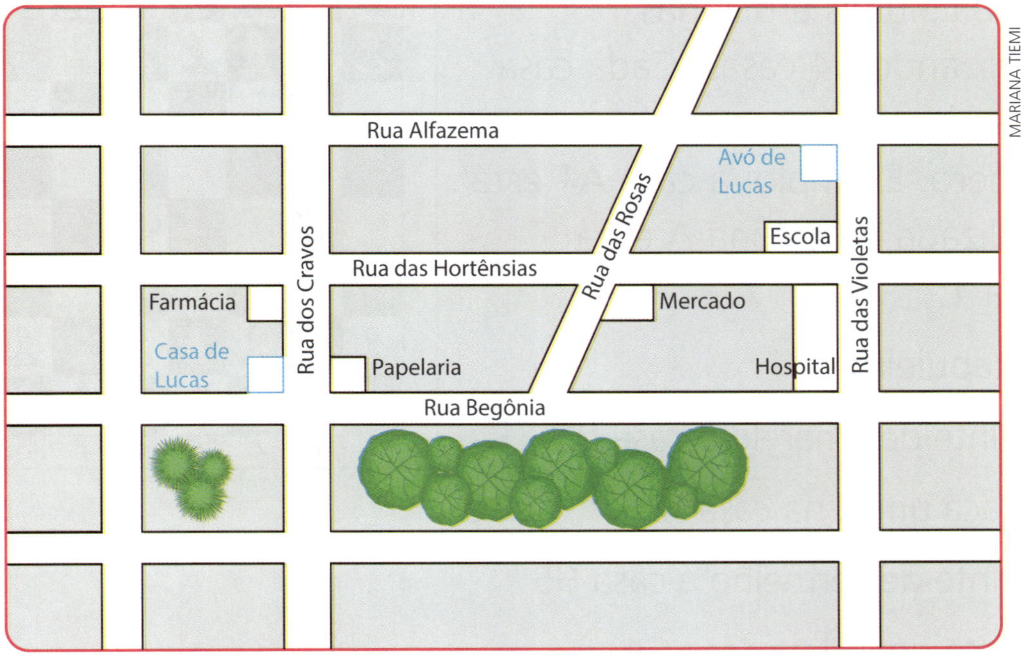

a) Avalie as afirmações a seguir e escreva **V** para as verdadeiras e **F** para as falsas.

- ☐ A Rua Alfazema é perpendicular à Rua das Rosas.
- ☐ A Rua dos Cravos é paralela à Rua das Violetas.
- ☐ A Rua das Rosas é transversal à Rua Begônia.
- ☐ A Rua das Hortênsias é paralela à Rua das Rosas.

b) A avó de Lucas mora na esquina da Rua Alfazema com a Rua das Violetas. Ela mora na mesma quadra onde fica a escola. Indique no mapa a posição da casa da avó de Lucas.

c) Lucas mora na esquina da Rua dos Cravos com a Rua Begônia, na mesma quadra da farmácia. Indique no mapa a posição da casa de Lucas.

d) Descreva um trajeto para Lucas ir de sua casa até a casa de sua avó.

____

____

6. O tabuleiro de xadrez é formado por 8 colunas e 8 linhas, totalizando 64 casas. Cada casa é identificada por uma letra e um número. Exemplo: a casa A1 está localizada na coluna A e na linha 1.

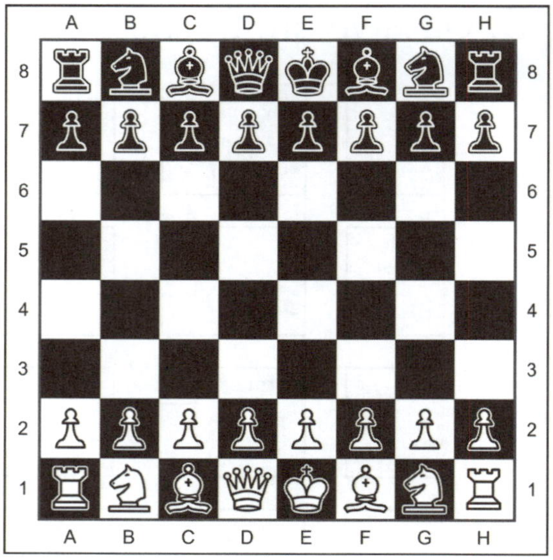

SHUTTERSTOCK

No tabuleiro:

a) Pinte de amarelo a casa D5.

b) Faça um **X** na casa F3.

c) Pinte de vermelho a casa H5.

d) Faça um ○ na casa C4.

7. A imagem mostra um caminho para ir do ponto A ao ponto D sobre uma malha quadriculada. Marque a opção que explica o caminho corretamente.

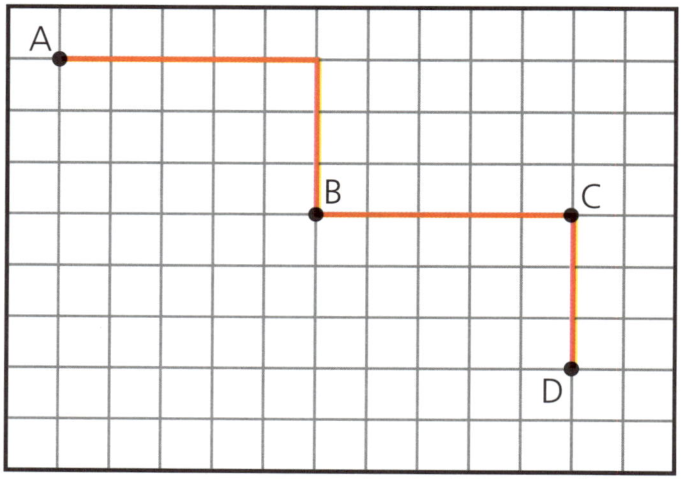

- [ ] Siga em frente por 5 casas, vire à esquerda, avance 3 casas, vire à direita, siga por 5 casas, vire à direita e ande 3 casas.
- [ ] Siga em frente por 5 casas, vire à direita, avance 3 casas, vire à esquerda, siga por 5 casas, vire à direita e ande 3 casas.
- [ ] Siga em frente por 3 casas, vire à direita, avance 5 casas, vire à esquerda, siga por 5 casas, vire à esquerda e ande 5 casas.
- [ ] Siga em frente por 3 casas, vire à esquerda, avance 5 casas, vire à direita, siga por 3 casas, vire à esquerda e ande 5 casas.

8. Observe a figura.

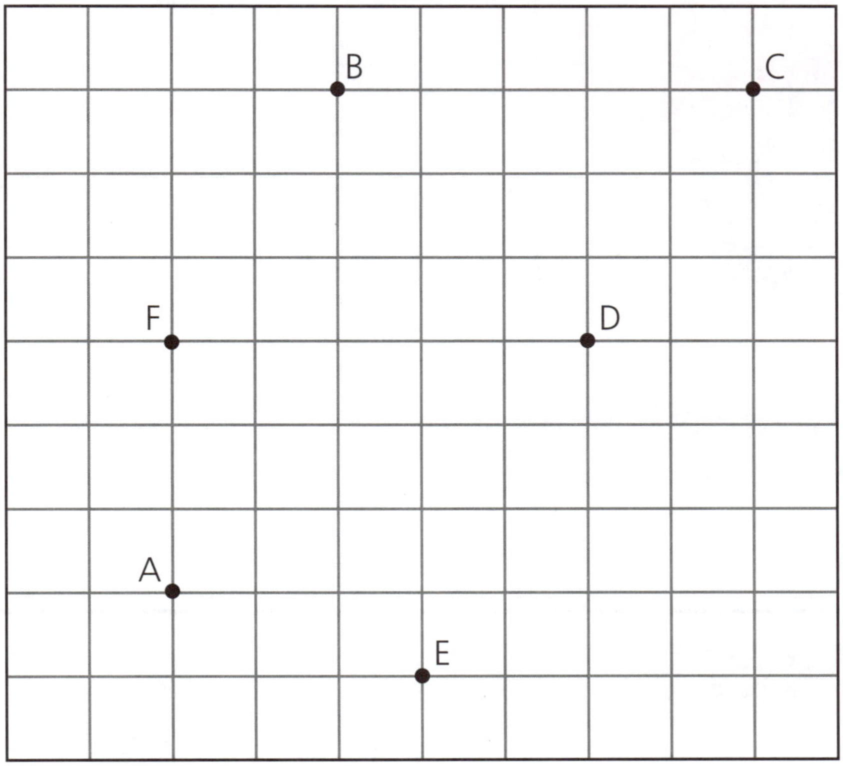

a) Se uma pessoa estiver no ponto C, caminhar até o ponto B, virar para a esquerda e caminhar mais 2 casas, ela chegará em qual ponto? Circule esse ponto.

b) Se uma pessoa estiver no ponto A, caminhar até F, virar à direita e caminhar 5 casas, ela chegará em qual ponto? ______________

DIÁRIO DE BORDO

Nessas atividades, você aprendeu que:

- para localizar pessoas e objetos, é preciso indicar coordenadas;
- retas que se cruzam são chamadas **transversais**;
- retas que se cruzam formando ângulos retos são chamadas **perpendiculares**;
- retas que não se cruzam são chamadas **pararelas**.

SEQUÊNCIA 2

FIGURAS GEOMÉTRICAS E SIMETRIA

VAMOS COMEÇAR!

Observe estes dois cartões de aniversário.

SHUTTERSOTCK/MARIANA TIEMI

a) Considerando só os bolos, algum deles apresenta simetria?

b) E as bandeiras do cartão **A**? E os balões do cartão **B**?

c) Trace o eixo de simetria do cartão que apresenta simetria.

VAMOS ENTENDER!

1. Observe os poliedros a seguir.

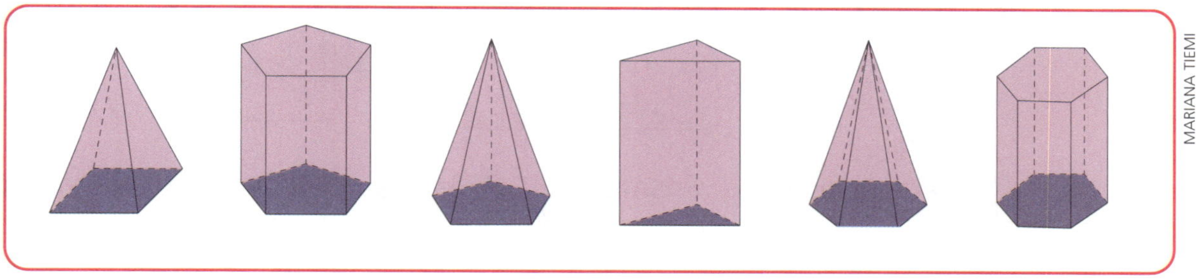

a) Circule todas as pirâmides.

b) O que todas as pirâmides têm em comum?

____

____

c) O que as figuras que não foram circuladas têm em comum?

____

____

____

2. Observe a planificação de um poliedro.

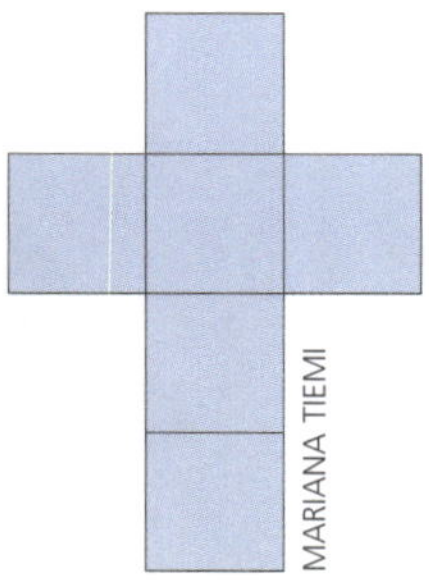

a) Qual é o nome do poliedro que está planificado?

____

b) Quantas faces possui esse poliedro? ____________

As **faces** de um poliedro são sempre polígonos como quadrados, triângulos ou retângulos. O encontro das faces de um poliedro é chamado **aresta**. O encontro das arestas de um poliedro é chamado **vértice**.

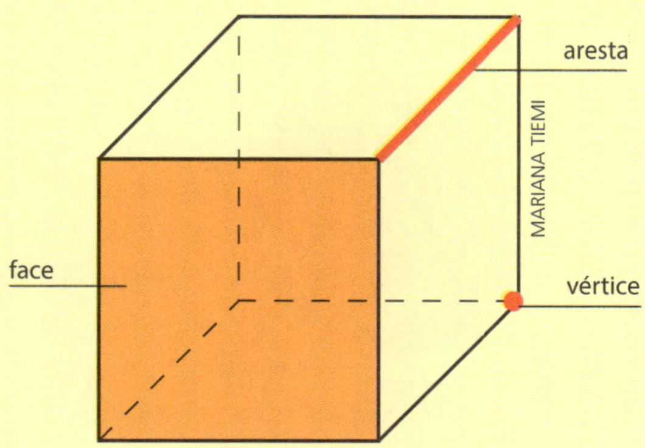

3. Complete com a quantidade de elementos presente em cada um dos poliedros.

	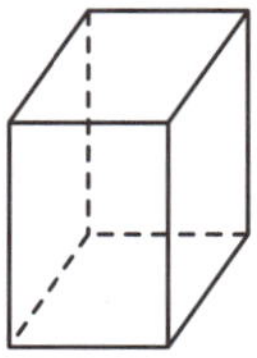 Bloco retangular	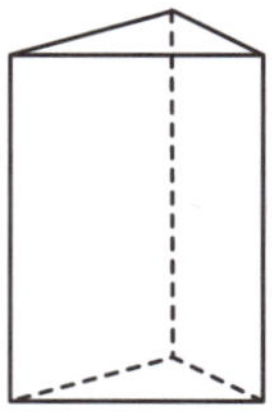 Prisma	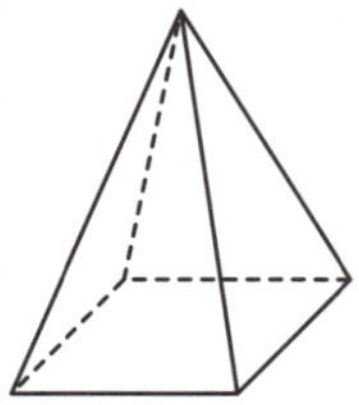 Pirâmide	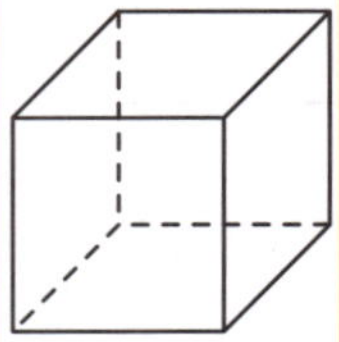 Cubo	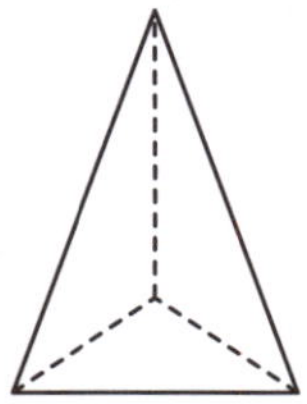 Pirâmide
Faces					
Arestas					
Vértices					

MARIANA TIEMI

4. Ligue cada modelo de figura espacial à sua planificação.

A

B

C

FOTOS: MIZUE JYO

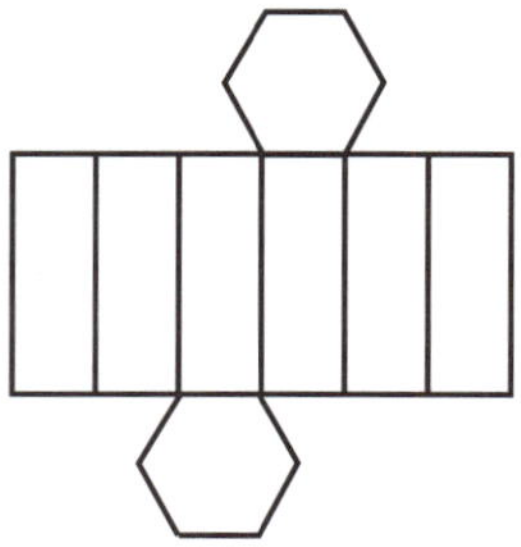

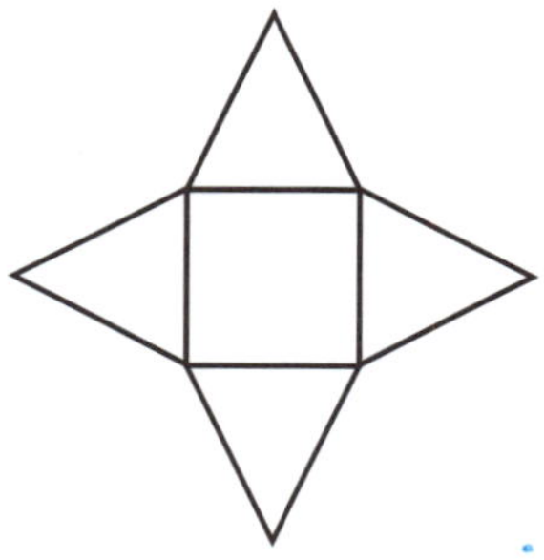

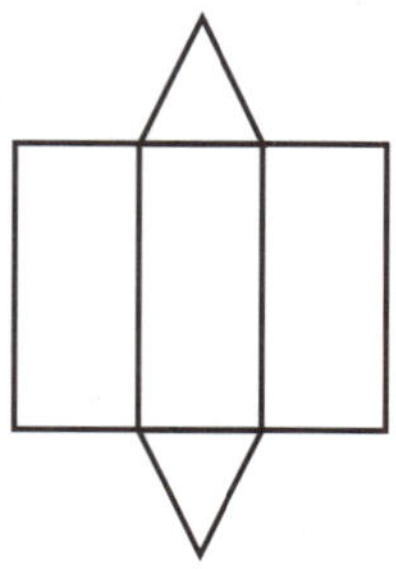

5. Os objetos a seguir lembram quais poliedros?

a)

ADRIANA MATSUDA

____

b)

MIZUE JYO

____

c)

SHUTTERSTOCK

____

d)

ADRIANA MATSUDA

____

6. Desenhe a figura geométrica espacial com as características a seguir.

- Possui 6 faces, todas iguais.
- Todas as suas faces são quadradas.
- Possui 8 vértices e 12 arestas.

7. Juliana vai revestir uma caixa de papelão com tecido. Para facilitar seu trabalho, ela desmontou a caixa.
Ela vai usar cores iguais em faces iguais. De quantas cores ela vai precisar? Pinte a caixa desmontada seguindo o critério de Juliana.

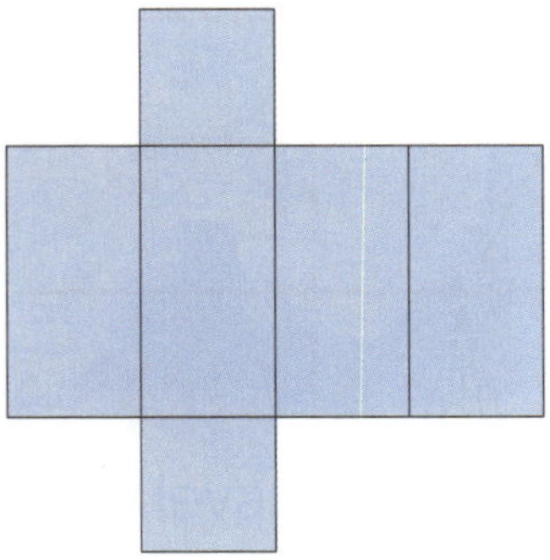

MARIANA TIEMI

____

____

8. Em cada item, descubra qual é a figura geométrica espacial. Desenhe-a e escreva seu nome.

a) Possui 1 face quadrada e 4 faces triangulares iguais.

____

b) Possui 2 faces pentagonais e 5 faces retangulares.

____

9. Complete o quadro com a quantidade de faces de cada tipo que formam os poliedros a seguir.

MARIANA TIEMI

	 Triângulo	 Retângulo	 Quadrado	 Pentágono	 Hexágono
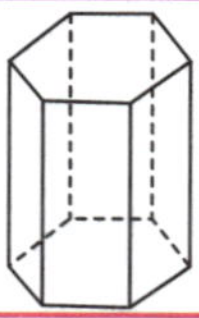					
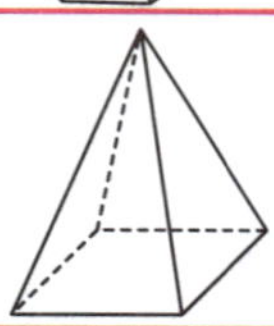					
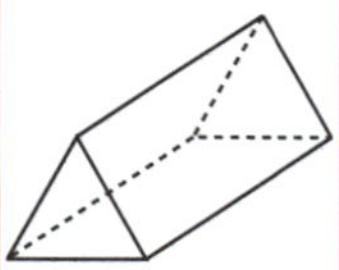					
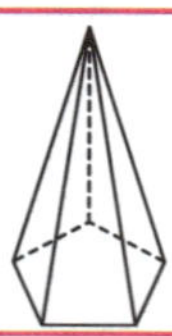					
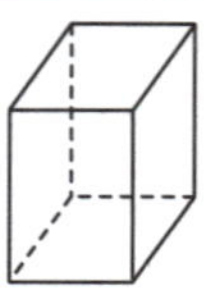					

10. O retângulo é um polígono que tem 4 ângulos retos.

Observe os polígonos a seguir e indique ângulos retos que podem ser encontrados em cada um deles.

a) 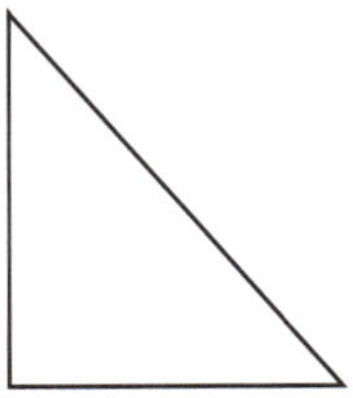 **b)** 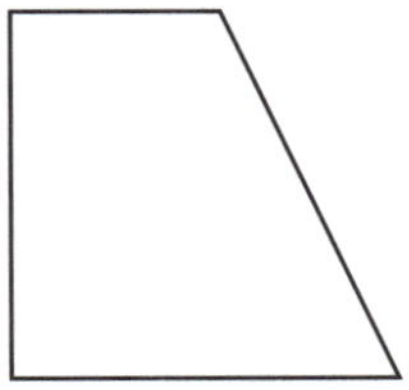 **c)** 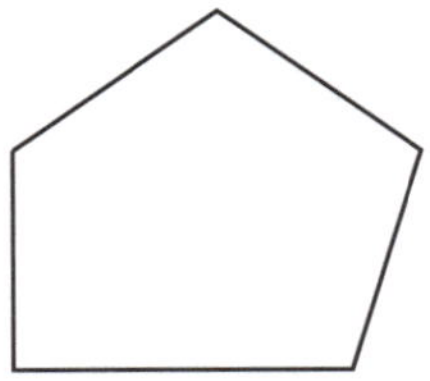 **d)** 

11. Observe os polígonos.

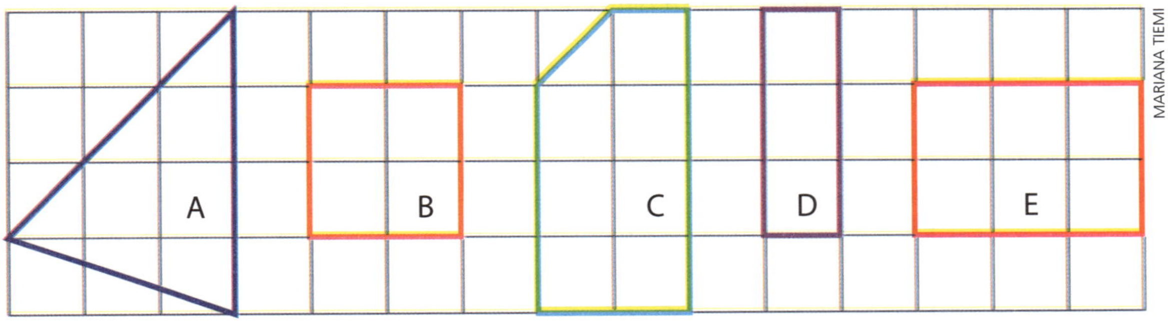

Quais polígonos são formados somente por ângulos retos?

____

____

Os ângulos menores que o ângulo reto são chamados **ângulos agudos**.
Os ângulos maiores que o ângulo reto são chamados **ângulos obtusos**.

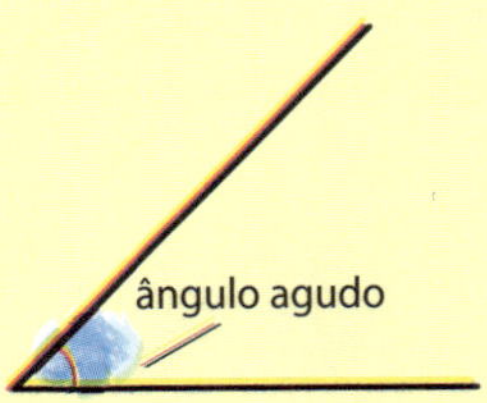

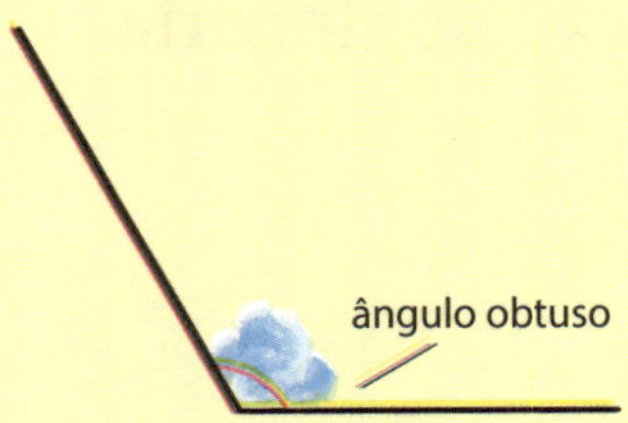

12. Observe a figura desenhada sobre a malha quadriculada. Na figura, localize 4 ângulos retos, 2 ângulos obtusos e 2 ângulos agudos, marcando com um **X**.

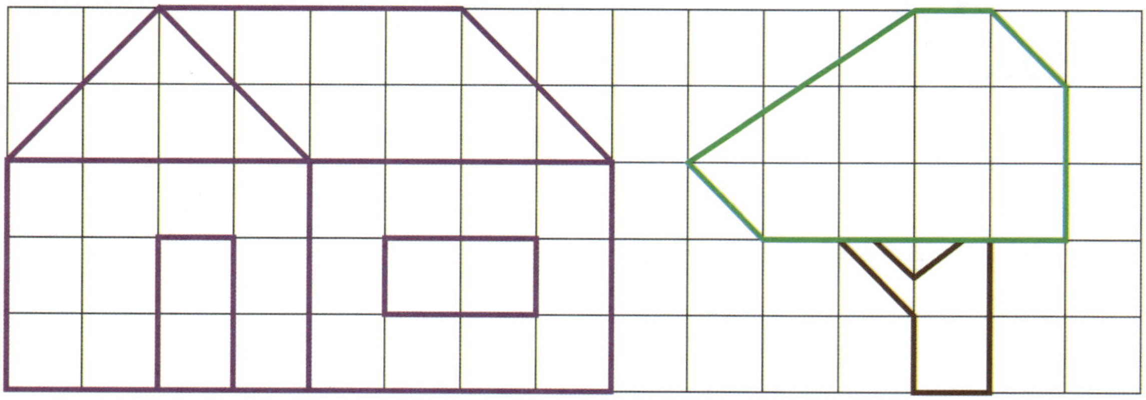

MARIANA TIEMI

13. Represente na malha alguns polígonos e identifique neles ângulos retos, ângulos agudos e ângulos obtusos.

MARIANA TIEMI

Quando uma figura pode ser dividida em duas partes iguais e opostas, ela é **simétrica**. A linha que divide uma figura simétrica é chamada **eixo de simetria**.

14. Observe atentamente as figuras a seguir.

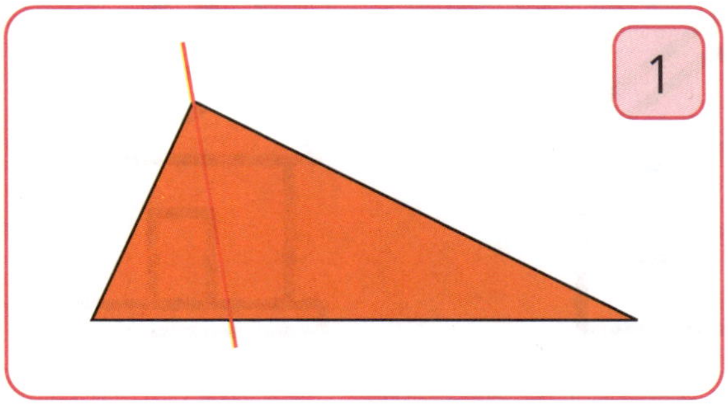

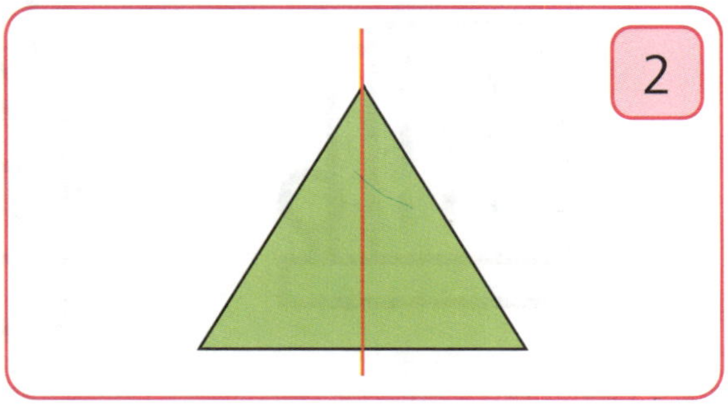

a) O que vai acontecer com cada figura caso você as dobre sobre o risco vermelho?

Figura 1: ____

Figura 2: ____

b) Na figura 2, a linha vermelha representa o **eixo de simetria**. É possível traçar outro eixo de simetria na figura 2? Por quê?

____

15. Trace o eixo de simetria na figura que apresenta simetria.

SHUTTERSTOCK

16. Assinale com um **X** a figura que não apresenta simetria.

SHUTTERSTOCK

☐ ☐ ☐

17. Assinale com um X a figura que apresenta simetria.

18. O traço laranja representa um eixo de simetria. Desenhe a outra parte da figura.

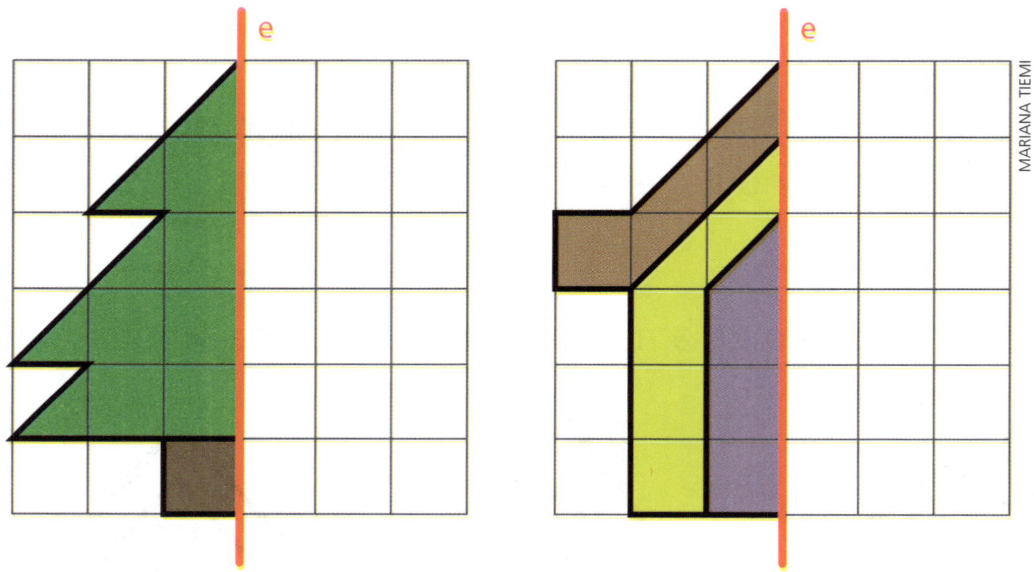

19. O traço laranja representa um eixo de simetria. Desenhe uma figura simétrica no espaço do quadriculado.

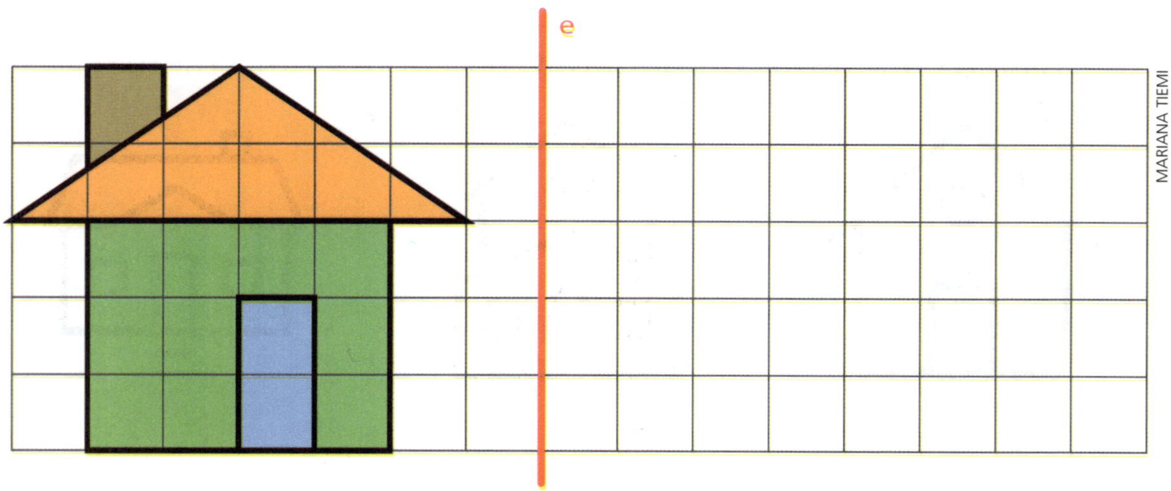

20. Existem figuras que possuem mais de um eixo de simetria. Trace todos os eixos de simetria possíveis para as figuras a seguir.

a)

SHUTTERSOTCK

b)

SHUTTERSOTCK

DIÁRIO DE BORDO

Nessas atividades, você aprendeu que:

- **face**, **aresta** e **vértice** são elementos de poliedros;
- na planificação de um poliedro, colocamos todas as suas faces em um plano só;
- as faces de poliedros são **polígonos**;
- ângulos maiores que os ângulos retos são chamados **obtusos** e ângulos menores que ângulos retos são chamados **agudos**;
- em uma figura simétrica existe um **eixo de simetria**.

SEQUÊNCIA 3

NÚMEROS NATURAIS

VAMOS COMEÇAR!

Ana coleciona selos do mundo todo. Responda às questões sobre a quantidade de selos que Ana já tem.

ILUSTRA CARTOON

a) Quantos selos Ana contou?

b) Observe os algarismos que compõem esse número.Troque de lugar esses algarismos e forme outros números.

c) Os números obtidos são maiores ou menores do que o número de selos de Ana?

VAMOS ENTENDER!

Os números que usamos para contar são chamados **números naturais**.

1. Observe os algarismos das fichas.

2	5	6	9

a) Escreva 5 números naturais utilizando os 4 algarismos das fichas, sem repetir.

____

____

b) Qual é o maior número natural que pode ser formado com esses 4 algarismos? Explique.

____

____

____

c) Qual é o menor número natural que pode ser formado com esses 4 algarismos? Explique.

____

____

____

d) Escreva o menor número formado por extenso.

____

____

2. Complete as sentenças.

a) Para formar uma dezena, precisamos de ______ unidades.

b) O menor número formado por 4 algarismos é o ____________.

c) O maior número formado por 4 algarismos diferentes é o ________.

d) Para formar 1 centena, é preciso agrupar ______ dezenas.

e) Para formar 1 unidade de milhar, é preciso agrupar __________ centenas.

3. Observe os números das fichas.

2 385 | 5 312 | 1 327 | 7 320

a) Qual algarismo tem o mesmo valor posicional nesses números?

____

____

b) Qual é o valor posicional do algarismo 2 em cada um dos números?

- 2 385: ______________________________
- 5 312: ______________________________
- 1 327: ______________________________
- 7 320: ______________________________

c) Escreva por extenso esses números.

- 2 385: ______________________________.
- 5 312: ______________________________.
- 1 327: ______________________________.
- 7 320: ______________________________.

d) Escreva os números em ordem crescente.

____

4. As medidas da altura dos jogadores de um time de basquete são: 196 cm, 198 cm, 204 cm, 203 cm e 199 cm.

a) Escreva os números usados para representar essas medidas em ordem decrescente.

____

b) Quais desses números são pares?

____

5. O odômetro é um instrumento utilizado para medir as distâncias percorridas por automóveis. Observe a imagem do odômetro de 3 veículos.

Carro 1

Carro 2

Carro 3

SHUTTERSTOCK/ EDITORIA DE ARTE

a) Qual carro tem a maior quilometragem e qual tem a menor?

____

____

b) Escreva por extenso a quilometragem do carro 2.

____

____

c) Qual é o algarismo da ordem da dezena de milhar na quilometragem do carro 3? E qual é o valor posicional desse algarismo?

____

d) Escreva os números em ordem crescente.

____

6. Compare os números e complete os espaços usando os sinais $>$ (é maior do que) ou $<$ (é menor do que).

a) 6 520 ______ 5 640

b) 30 009 ______ 30 090

c) 1 502 ______ 5 102

d) 62 589 ______ 62 891

e) 99 600 ______ 92 608

f) 61 325 ______ 61 321

7. Qual é o valor posicional do algarismo 5 em cada número?

a) 45: ______________

b) 158: ______________

c) 2 589: ______________

d) 15 308: ______________

e) 50 397: ______________

f) 3 258: ______________

8. Em cada item, assinale a resposta correta.

a) Qual é o maior número formado por 3 algarismos?

☐ 399 ☐ 999 ☐ 900

b) Qual é o maior número formado por 4 algarismos distintos entre si?

☐ 9 999 ☐ 9 000 ☐ 9 876

c) Qual é o número formado por 5 algarismos pares distintos entre si?

☐ 20 684 ☐ 96 842 ☐ 15 394

d) Qual é o algarismo que representa as centenas no número 54 389?

☐ 3 ☐ 4 ☐ 5

e) Que algarismo representa a ordem das unidades de milhar no número 69 058?

☐ 6 ☐ 8 ☐ 9

f) Qual é o menor número formado por 4 algarismos distintos?

☐ 1 000 ☐ 1 230 ☐ 1 023

9. Marque a opção em que todos os números estão em ordem crescente.

- ( ) 1 302 – 4 306 – 6 308 – 1 500
- ( ) 15 925 – 14 589 – 13 258 – 11 150
- ( ) 999 – 1 985 – 1 999 – 3 609
- ( ) 6 589 – 6 478 – 6 781 – 6 987

10. Complete cada item com o antecessor e o sucessor de cada número.

a) ____ 499 ____

b) ____ 1 000 ____

c) ____ 58 986 ____

d) ____ 689 ____

e) ____ 12 681 ____

f) ____ 1 010 ____

11. Represente no quadro de ordens os números escritos em cada item.

a) Dois mil, trezentos e cinquenta e um.

DM	UM	C	D	U

b) Trinta e um mil e setenta e cinco.

DM	UM	C	D	U

c) Noventa mil, setencentos e vinte e nove.

DM	UM	C	D	U

d) Quarenta e um mil, oitocentos e cinquenta.

DM	UM	C	D	U

12. Escreva por extenso os números representados.

a)

DM	UM	C	D	U
9	9	9	9	9

____

____

b)

DM	UM	C	D	U
1	0	0	1	0

____

____

c)

DM	UM	C	D	U
	4	2	1	2

____

____

d)

DM	UM	C	D	U
2	0	2	0	2

____

____

13. Observe a representação do número 1 235 e sua decomposição.

DM	UM	C	D	U
	1	2	3	5

1 000 + 200 + 30 + 5 = 1 235

Agora, decomponha cada número representado.

a)

DM	UM	C	D	U
	2	5	6	2

________ + ________ + ________ + ________ = ________

b)

DM	UM	C	D	U
	3	0	5	8

________ + ________ + ________ + ________ = ________

c)

DM	UM	C	D	U
	1	3	4	0

________ + ________ + ________ + ________ = ________

14. Observe uma maneira de decompor o número 468.

4 6 8

8 unidades = 8

6 dezenas = 6 × 10

4 centenas = 4 × 100

468 = 4 × 100 + 6 × 10 + 8

Agora, decomponha os números a seguir completando os espaços em branco.

a) 752 = _____ × 100 + _____ × 10 + _____

b) 3 689 = _____ × 1 000 + _____ × 100 + _____ × 10 + _____

c) 2 735 = _____ × 1 000 + _____ × 100 + _____ × 10 + _____

d) 15 901 = _____ × 10 000 + _____ × 1 000 + _____ × 100 + _____

15. Obtenha o número que está decomposto em cada item.

a) 400 + 20 + 1 = 4 × 100 + 2 × 10 + 1 = 421

b) 5 000 + 600 + 20 + 5 =

_____ × 1 000 + _____ × 100 + 2 × 10 + _____ = _______

c) 6 000 + 300 + 20 + 7 =

6 × 1 000 + _____ × 100 + _____ × 10 + 7 = _______

d) 3 000 + 700 + 10 + 4 =

_____ × 1 000 + _____ × 100 + 1 × 10 + 4 = _______

e) 50 000 + 5 000 + 200 + 10 + 7 =

_____ × 10 000 + 5 × 1 000 + _____ × 100 + _____ × 10 + 7 = _______

f) 30 000 + 200 + 9 =

_____ × 10 000 + _____ × 1000 + _____ × 100 + 9 = _______

g) 70 000 + 700 + 80 =

_____ × 10 000 + _____ × 100 + 8 × 10 = _______

16. Complete com o número que foi decomposto em cada caso.

a) 8 × 1 000 + 3 × 100 + 2 × 10 + 5 × 1 = ____________________

b) 1 × 10 000 + 5 × 100 + 7 × 10 + 4 × 1 = ____________________

c) 4 ×10 000 + 4 × 1 000 + 3 × 10 + 7 × 1 = ____________________

d) 7 × 10 000 + 8 × 1 000 + 1 × 100 + 9 × 1 = ____________________

e) 9 × 10 000 + 7 × 1 000 + 9 × 100 + 6 × 10 = ____________________

17. Componha os números em cada item.

a) 5 UM + 2 C + 3 D + 9 U = ____________________

b) 8 DM + 9 UM + 2 C + 2 U = ____________________

c) 6 DM + 7 UM + 3 C + 6 U = ____________________

d) 5 DM + 6 D + 3 U = ____________________

e) 8 UM + 8 U = ____________________

DIÁRIO DE BORDO

Nessas atividades, você aprendeu que:

- um algarismo pode representar diferentes valores conforme a **ordem** que ocupa em um número natural;
- para ordenar números naturais, é preciso considerar o **valor posicional** de todos os seus algarismos;
- para decompor números naturais, utilizamos adição e multiplicação por 10, 100, 1 000 e 10 000.

SEQUÊNCIA 4

ADIÇÃO E SUBTRAÇÃO DE NÚMEROS NATURAIS

VAMOS COMEÇAR!

Danilo trabalha vendendo frutas na feira. Ele organiza as frutas em caixotes para facilitar a contagem. Hoje ele levou 230 bananas, 315 maçãs e 412 laranjas para vender.

ILUSTRA CARTOON

a) Ao final do dia, sobraram 157 frutas para Danilo levar de volta para casa. Quantas frutas Danilo vendeu?

b) Se em cada caixote cabem 250 frutas, quantas frutas no total Danilo consegue levar para a feira usando 5 caixotes?

VAMOS ENTENDER!

1. Calcule utilizando o algoritmo da adição.

a) 41 + 36

	C	D	U
		4	1
+		3	6

b) 23 + 76

	C	D	U
+			

c) 36 + 47

	C	D	U
+			

d) 185 + 99

	C	D	U
+			

e) 543 + 725

	UM	C	D	U
+				

f) 1 345 + 652

	UM	C	D	U
+				

g) 2 354 + 1 050

	UM	C	D	U
+				

h) 1 248 + 2 475

	UM	C	D	U
+				

i) 2 695 + 1 427

	UM	C	D	U
+				

Mudar a ordem das parcelas de uma adição não altera a soma.
Essa é a **propriedade comutativa** da adição.

2. Considerando os cálculos feitos na atividade 1, dê o resultado de cada adição a seguir.

a) 36 + 41 = ______

b) 76 + 23 = ______

c) 47 + 36 = ______

d) 99 + 185 = ______

e) 725 + 543 = ______

f) 652 + 1 345 = ______

3. Alícia comprou uma caixa de morangos e, depois de comer 5 unidades, restaram 12 morangos. Quantos morangos havia na caixa?

4. Havia 1 389 pessoas assistindo a uma partida de futebol. Após 10 minutos do início do jogo, chegaram mais 120 pessoas. Quantas pessoas estão assistindo ao jogo?

5. Em uma gincana, foram arrecadados 1 184 cobertores e 2 315 brinquedos para serem doados a uma instituição. Qual foi o número de doações recebidas nessa gincana?

6. Hoje foram plantadas 147 mudas de plantas em um sítio, amanhã serão plantadas mais 156. Quantas mudas serão plantadas nesses dois dias?

7. Júlia já leu 285 páginas de um livro, porém ainda faltam 308 páginas para ela terminar. Quantas páginas tem o livro?

8. Em uma fábrica trabalham 1 589 funcionários durante o dia e 897 funcionários no turno da noite. Quantos funcionários trabalham nessa empresa?

9. Em uma sexta-feira, 1 358 pessoas visitaram um museu pela manhã e 1 578 pessoas o visitaram à tarde. Quantas pessoas visitaram esse museu nesse dia?

10. Em um reservatório foram retirados 1 658 litros de água e ainda restaram 2 392 litros. Quantos litros de água havia nesse reservatório?

11. Calcule utilizando o algoritmo da subtração.

a) 87 – 36

	C	D	U
		8	7
–		3	6

b) 47 – 36

	C	D	U
–			

c) 55 – 27

	C	D	U
–			

d) 185 – 69

	C	D	U
–			

e) 1 645 – 352

	UM	C	D	U
–				

f) 2 354 – 1 050

	UM	C	D	U
–				

12. Leia o problema a seguir.

A professora Renata está organizando uma saída de campo com os alunos do 4º ano, e o ônibus que ela reservou tem capacidade para 54 passageiros. Se já foram confirmados 39 alunos, quantos lugares ainda restam no ônibus?

Vamos analisar alguns dados do problema.

a) Quantas pessoas cabem no ônibus? ____________

b) Quantas pessoas já foram confirmadas? ________

c) Ainda há lugar disponível no ônibus? ____________
Quantos? ________

d) Responda à pergunta do problema.

No ônibus, ainda restam ______ lugares.

	C	D	U
−			

13. Rafael gosta de colecionar figurinhas de animais e já possui 1 184 figurinhas. Seu álbum estará completo quando ele conseguir 2 000 figurinhas não repetidas.

SHUTTERSTOCK

Responda:

a) Quantas figurinhas cabem no álbum?

____

b) Quantas figurinhas Rafael já tem?

____

c) Quantas figurinhas ainda podem ser coladas no álbum?

____

____

14. Tenho 47 lápis coloridos e acabei emprestando 24 para minha amiga. Com quantos lápis eu fiquei?

15. Bruno trabalha em uma loja que vende bicicletas. Na loja tinha 148 bicicletas, e ele vendeu 69. Quantas bicicletas ainda faltam para ele vender?

16. Um estacionamento tem a capacidade máxima para 940 carros. Como já tem 560 vagas ocupadas, quantas vagas ainda estão disponíveis?

17. José fez 89 anos em 2022. Em que ano ele nasceu?

18. Um estádio de futebol tem capacidade máxima para 6 550 pessoas. No início de um jogo, entraram 1 832 pessoas. Quantas pessoas ainda podem entrar nesse estágio?

19. A meta de uma loja é vender 3 000 pares de sapato no mês de agosto. Até a terceira semana, haviam sido vendido 348 pares. Quantos pares ainda é preciso vender para atingir a meta do mês?

20. Um jardineiro recebeu 420 plantas, das quais 158 eram samambaias, 154 orquídeas e o restante eram margaridas. Quantas margaridas ele recebeu?

21. Calcule.

a) 4 + 0 = ________________

b) 15 + 0 = ________________

c) 125 + 0 = ________________

d) 2 580 + 0 = ________________

e) 375 – 0 = ________________

f) 1256 – 0 = ________________

Quando somamos ou subtraímos 0 (zero) de qualquer número, o resultado é o próprio número.

22. Efetue os cálculos utilizando o algoritmo da adição e da subtração.

a) 3 674 + 980 + 12 = ________________________________

b) 2 000 + 1 589 + 782 = ________________________________

23. Em uma granja havia 3 480 ovos no estoque. Foram vendidas 1 350 unidades e quebraram 85. Quantos ovos restaram?

Resposta: No estoque da granja restaram ________ ovos.

24. Rita comprou uma caixa com 350 botões coloridos e uma outra com 200 botões brancos. Com quantos botões ela ficou, se ela já tinha 585 botões?

Resposta: Ela ficou com ______ botões.

25. Marcelo tem uma coleção com 84 carrinhos, Kauê tem 42 carrinhos a mais que Marcelo e Luan tem 78 carrinhos. Quantos carrinhos têm os três juntos?

Resposta: Os três juntos têm ______ carrinhos.

26. A professora escreveu no quadro uma adição com três parcelas. Convidou Marcela e Otávio para resolver e encontrar o resultado. Observe como eles resolveram a expressão.

Marcela	Otávio
1 235 + 290 + 3 520 =	1 235 + 290 + 3520 =
1 525 + 3 520 = 5 045	1 235 + 3 810 = 5 045

a) Por que Marcela e Otávio chegaram ao mesmo resultado se resolveram a adição de modos diferentes?

____

b) Efetue as adições de duas maneiras diferentes.

- 150 + 460 + 320
- 1 950 + 315 + 35

27. Bernardo está treinando técnicas para resolver adições com mais de duas parcelas. Ele percebeu que, em algumas ocasiões, é mais fácil encontrar o resultado trocando a ordem das parcelas.

$$45 + 28 + 25$$
$$\underbrace{45 + 25} + 28 =$$
$$= \underbrace{70 + 28} =$$
$$= 98$$

Nessa adição, é mais fácil somar 45 + 25 primeiro e, depois, somar 28.

Utilize essa técnica nas operações a seguir.

a) 55 + 69 + 45 =

b) 27 + 50 + 3 =

c) 654 + 250 + 346 =

d) 319 + 160 + 21 =

28. Gabriel está fazendo uma atividade de Matemática.

	9	8	0	— minuendo
−	5	3	5	— subtraendo
	4	4	5	— diferença

Como se confere se uma subtração está correta?

a) Para saber se ele acertou, que estratégia Gabriel deverá usar?

____

____

b) Mostre se Gabriel acertou ou errou o cálculo.

Somando o subtraendo com a diferença, você deve obter o minuendo.

29. Marcela usou a calculadora para somar 218 a um número e obteve como resultado 415. Porém, Marcela esqueceu que número havia digitado.

a) Como podemos ajudá-la a descobrir esse número?

b) Qual é o número que Marcela digitou?

30. No mês de agosto, uma instituição carente recebeu 4 890 doações. Dessas doações, 1 750 foram de alimentos e o restante, de roupas. Com o auxílio de uma calculadora, encontre a quantidade que corresponde às doações de roupas. Descreva a seguir a solução desse problema com a calculadora.

DIÁRIO DE BORDO

Nessas atividades, você aprendeu que:

- na adição, a soma não se altera quando se muda a ordem das parcelas;
- para verificar se uma adição está correta, pode-se fazer uma subtração;
- para verificar se uma subtração está correta, pode-se fazer uma adição.

SEQUÊNCIA 5 CONTAGEM

VAMOS COMEÇAR!

Patrícia está preparando um lanche da tarde delicioso para receber suas amigas. Veja o que ela preparou.

a) Quantas opções de lanche as amigas de Patrícia têm para escolher?

b) Para escolher apenas um lanche e uma bebida, quais são todas as opções possíveis?

c) Quantas opções você encontrou?

VAMOS ENTENDER! !!!

1. Na volta às aulas, Mariana foi a uma papelaria comprar materiais escolares. Ela separou 2 estojos e 3 cadernos; porém, sua mãe disse que ela só poderia levar um item de cada. Mariana vai ter de escolher.

SHUTTERSTOCK/MARIANA TIEMI

a) Quantas opções de caderno Mariana tem para escolher?

____

b) Quantas opções de estojo Mariana tem para escolher?

____

c) Mariana fez a escolha a seguir.

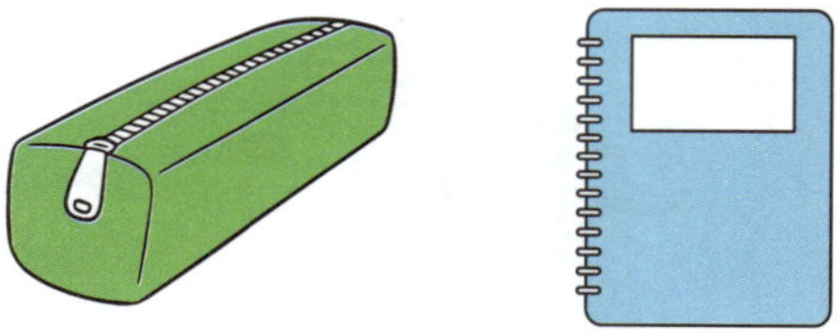
SHUTTERSTOCK/MARIANA TIEMI

Quais são as escolhas que Mariana poderia ter feito? Pinte a seguir todas as opções que ela tinha.

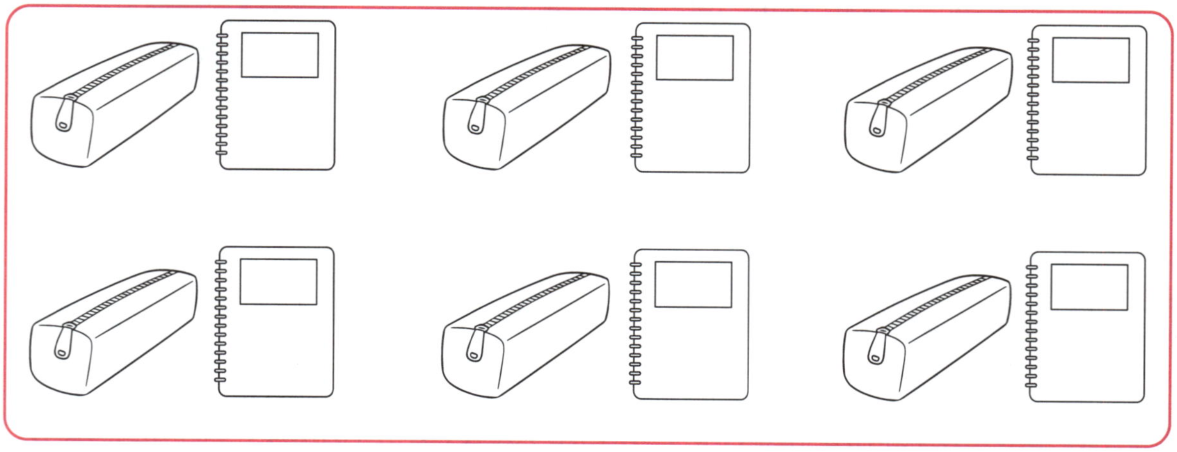
SHUTTERSTOCK/MARIANA TIEMI

d) Quantas opções de escolha Mariana tinha no total?

____

2. Caio vai viajar nas férias e colocou em sua mala 4 camisetas e 3 calças.

a) Pinte todas as combinações de calças e camisetas que Caio poderá fazer durante a viagem.

b) De quantas maneiras diferentes Caio poderá combinar essas peças de roupas?

____

3. Existem 2 caminhos diferentes para ir da casa de Lucas até a escola e 3 caminhos diferentes para ir da escola até o parque.

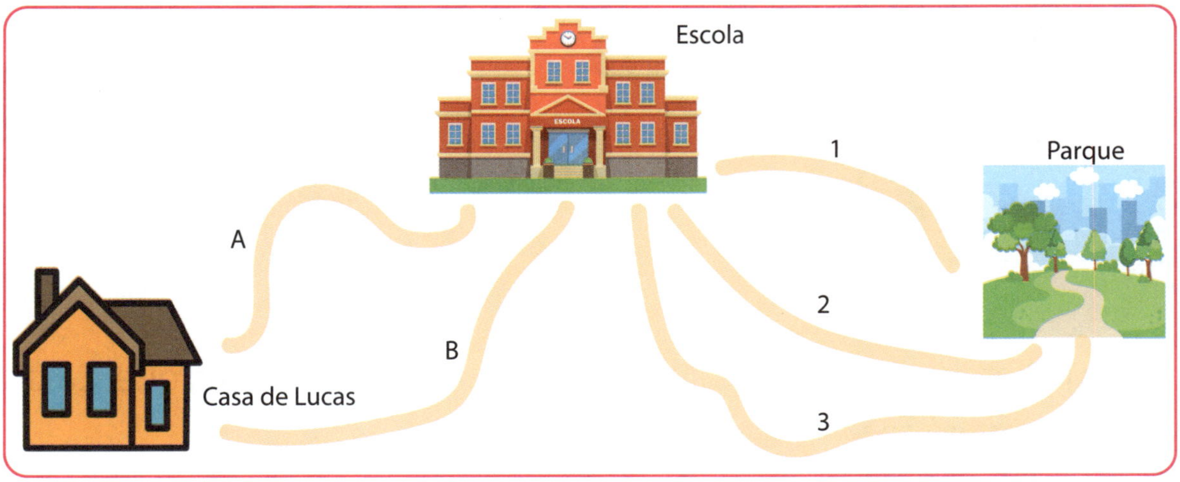

SHUTTERSTOCK/FREEPIK/MARIANA TIEMI

a) Trace na figura, usando cores diferentes, todos os caminhos possíveis para ir da casa de Lucas até o parque.

b) Quantos caminhos diferentes Lucas pode seguir para ir de sua casa até o parque passando pela escola? Faça um esquema.

___

4. Luana sempre passa na casa da avó quando vai ao mercado. De casa até a avó, há 3 caminhos diferentes. Da casa da avó ao mercado, também há 3 caminhos possíveis.

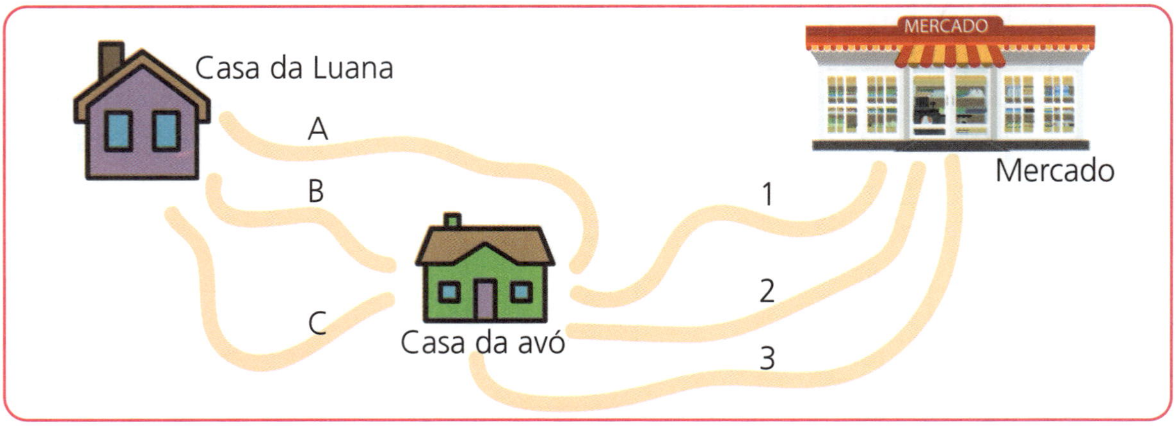

SHUTTERSTOCK/MARIANA TIEMI

a) Indique, usando os números (1, 2, 3) e as letras (A, B, C), todos os caminhos que Luana pode fazer para ir ao mercado, passando pela casa da avó.

b) Quantos caminhos possíveis Luana pode seguir? ___

5. Uma lanchonete oferece em seu cardápio 4 sabores de suco natural: laranja, abacaxi, goiaba e acerola. Os sucos são servidos em 3 tipos de copos: pequeno, médio e grande.

a) Complete no quadro todas as opções possíveis para escolher um suco nessa lanchonete.

Copos / Sucos	Pequeno	Médio	Grande
Laranja	Laranja pequeno		
Abacaxi			
Goiaba			
Acerola			

b) Quantas opções diferentes há para pedir o suco? ____________

6. Lúcia está organizando uma apresentação de dança com os alunos do 4º ano. Ela perguntou quem gostaria de participar, e 8 alunos confirmaram: Davi, Enzo, Miguel, Pedro, Bia, Lara, Lúcia e Marina.

a) Complete o quadro com todos os casais possíveis de formar para a apresentação.

Meninas / Meninos	Bia	Lara	Lúcia	Marina
Davi				
Enzo				
Miguel				
Pedro				

b) Quantos casais diferentes podem ser formados?

____

7. Na cidade onde Helena mora há uma lanchonete em que o cliente escolhe como montar seu sanduíche. Ele pode escolher uma opção de pão e uma de recheio.

Pão	Recheio
Comum	Carne
Integral	Frango
Italiano	Vegetariano

SHUTTERSTOCK

a) Helena anotou que opções de recheio tinha se escolhesse o pão integral. Observe.

Pão integral
- Carne
- Frango
- Vegetariano

Complete as outras opções para a montagem do sanduíche.

Pão comum
- ______________
- ______________
- ______________

Pão italiano
- ______________
- ______________
- ______________

b) Quantas opções de lanche Helena tem ao todo?

____

SHUTTERSTOCK/MARIANA TIEMI

8. Júlio foi à sorveteira e pediu uma taça de sorvete com cobertura. Observe as opções de sabores do sorvete e da cobertura.

- Sorvetes: baunilha, limão e chocolate.
- Coberturas: chocolate e caramelo.

Complete a árvore de possibilidades com todas as opções que Júlio tem para montar sua taça.

Sabores de sorvete — Tipos de cobertura

Para saber o número de opções ao combinar elementos de dois grupos diferentes, podemos usar a **multiplicação**.

Observe o exemplo:

Alice tem 2 bonés e 3 óculos. De quantas maneiras diferentes Alice pode sair usando óculos e boné?

$$2 \times 3 = 6$$

Alice pode sair de 6 maneiras diferentes.

SHUTTERSTOCK/MARIANA TIEMI

9. A professora de Educação Física da escola onde Júlia estuda está organizando os alunos para os jogos interescolares. Para a modalidade voleibol de areia em dupla, inscreveram-se 6 alunos do 4º ano A e 5 alunos do 4º ano B. Quantas opções a professora tem para formar a dupla com alunos de turmas diferentes?

10. Para brincar no parque, Jaqueline tem 4 camisetas: uma amarela, uma vermelha, uma verde e uma azul. Ela também tem 2 bermudas, uma rosa e uma preta, que pode usar para brincar. De quantas maneiras diferentes Jaqueline pode se vestir para ir ao parque brincar?

DIÁRIO DE BORDO

Nessas atividades, você aprendeu que:

- a **árvore de possibilidades** pode ser utilizada para encontrar o número de opções na **combinação** de elementos;
- a multiplicação é uma estratégia possível para encontrar o número de opções na combinação de elementos de grupos diferentes.

SEQUÊNCIA 6

MULTIPLICAÇÃO E DIVISÃO DE NÚMEROS NATURAIS

VAMOS COMEÇAR!

Letícia faz bolos de aniversário para vender. Essa semana, ela recebeu várias encomendas e, por isso, comprou 5 bandejas com 30 ovos cada uma.

ILUSTRA CARTOON

a) Quantos ovos há em cada bandeja que Letícia comprou?

b) Quantos ovos Letícia comprou no total?

c) Em cada receita de bolo, Letícia usa 8 ovos. Ela precisa fazer 18 receitas. A quantidade de ovos que ela comprou é suficiente?

VAMOS ENTENDER!

1. Responda às questões.

a) Qual é o dobro de 23? ______

b) Qual é o dobro de 61? ______

c) Qual é o dobro de 724? ______

d) Qual é o triplo de 32? ______

e) Qual é o triplo de 93? ______

f) Qual é o triplo de 421? ______

2. Na escola onde Juliana estuda tem 785 alunos matriculados e na escola de Ana tem o triplo dessa quantidade. Quantos alunos estão matriculados na escola de Ana?

Na escola de Ana estão matriculados ______ alunos.

3. Benício guarda seus livros em uma prateleira. Hoje ele tem espaço para guardar 35 livros e quer comprar uma estante para guardar 4 vezes mais livros. Quantos livros Benício quer guardar?

Benício quer guardar ______ livros.

4. Antonella viu o anúncio de um brinquedo na TV e disse à mãe que ele custava 125 reais. Na loja, elas descobriram que esse era o valor de cada parcela, e que o brinquedo custava 5 vezes mais. Quanto custa esse brinquedo?

Esse brinquedo custa ______ reais.

5. No estoque de uma loja de materiais escolares há 4 pacotes fechados com 15 cadernos cada um. Quantos cadernos há no estoque da loja?

____

6. Mariana está organizando as lembrancinhas para os convidados de sua festa de aniversário. Ela montou 5 bandejas com 26 lembrancinhas em cada uma. Quantas lembrancinhas serão distribuídas na festa de Mariana?

____

____

7. Pedro lê 14 páginas de um livro por dia. Quantas páginas ele conseguirá ler em 7 dias?

____

____

8. Em um jardim há 9 canteiros iguais. Em cada canteiro, foram colocadas 15 mudas de plantas. Quantas mudas foram colocadas no jardim?

____

9. Em uma sala de aula as carteiras foram organizadas em 6 fileiras com 5 carteiras em cada uma. Quantas carteiras estão distribuídas na sala?

____

10. Beatriz ganhou uma caixa de bombons igual à da imagem ao lado. Quantos bombons Beatriz ganhou?

SHUTTERSTOCK

____

____

11. Em uma ótica, as armações para óculos são expostas em 8 colunas com 15 óculos em cada uma. Calcule quantas armações estão expostas nessa ótica.

SHUTTERSTOCK

____

____

____

12. Helena e Natália são irmãs e elas adoram cultivar flores. Elas precisam calcular a quantidade de mudas de flor para plantar no jardim da casa delas. Esse jardim possui 8 canteiros, onde cabem 7 mudas em cada um. Para descobrir o total de mudas, Helena calculou 8×7, e Natália calculou 7×8. Quem acertou? Por quê?

____

13. Resolva as multiplicações a seguir e responda às questões.

$1 \times 5 =$ ______ $1 \times 8 =$ ______ $0 \times 9 =$ ______

$1 \times 15 =$ ______ $1 \times 65 =$ ______ $0 \times 132 =$ ______

- O que acontece quando um número natural qualquer é multiplicado por 1? ____________________
- Qual é o resultado de um número qualquer vezes 0? __________

14. João está poupando dinheiro e todos os meses ele deposita 450 reais em uma poupança.

a) Quanto João terá depositado na poupança após 10 meses?

____

b) Se ele continuar depositando a mesma quantia por 100 meses, quanto João depositará?

____

15. Resolva as operações em cada item.

a) 159 × 5 = ______

b) 954 × 1 = ______

c) 378 × 6 = ______

d) 9 785 × 1 = ______

e) 1 250 × 8 = ______

f) 3 125 × 0 = ______

16. Resolva as multiplicações a seguir.

a) 4 × 10 = __________

b) 5 × 100 = __________

c) 64 × 10 = __________

d) 689 × 100 = __________

e) 25 × 100 = __________

f) 56 × 1 000 = __________

g) 458 × 10 = __________

h) 12 × 1 000 = __________

17. Um estacionamento possui 24 filas que comportam 12 automóveis cada uma. Quantos carros cabem nesse estacionamento? Complete o algoritmo.

Resposta: Nesse estacionamento cabem ________ automóveis.

		2	4
	×	1	2
		4	8
	2	4	+

18. Rebeca, ao fazer uma viagem com seu automóvel, verificou que ele percorre 13 quilômetros com um litro de gasolina. Sabendo que foram consumidos 45 litros de gasolina, qual é a distância, em quilômetros, que o automóvel percorreu?

Resposta: ______________________________

____

19. O dono de um supermercado comprou 585 pacotes de garrafas de água com 12 unidades em cada um. Quantas garrafas de água ele comprou?

Resposta: ______________________________

____

20. Um caminhão consegue transportar 897 caixas por viagem. Quantas caixas ele consegue transportar em 29 viagens?

Resposta: ______________________________

____

21. Responda às questões.

a) Qual é a metade de 12? ______________________________

b) Qual é a metade de 144? ______________________________

c) Qual é a terça parte de 75? ______________________________

d) Qual é a quarta parte de 200? ______________________________

e) Qual é a quinta parte de 180? ______________________________

f) Qual é a décima parte de 1 000? ______________________________

22. Luan imprimiu 126 fotografias de sua festa de aniversário para montar um álbum. Ele está colocando 6 fotografias em cada página. Com quantas páginas o álbum ficará?

____

23. Um professor precisa organizar 870 alunos em grupos com 6 pessoas. Quantos grupos ele poderá formar?

____

____

24. Em uma turma do 4º ano há 28 alunos; a professora pretende organizá-los em 4 equipes para a gincana da escola. Quantos alunos ficarão em cada equipe?

____

25. Pietra quer organizar suas 56 bonecas em 4 prateleiras. Ela resolveu distribuir as bonecas igualmente entre as prateleiras. Quantas bonecas ficarão em cada prateleira?

____

26. Uma escola distribuiu igualmente 60 troféus em 5 prateleiras. Quantos troféus foram colocados em cada prateleira?

____

27. Emilly tem 1 056 mudas de plantas que precisam ser distribuídas em 8 canteiros. Quantas mudas de plantas ficarão em cada canteiro?

____

28. Veja como Mirella calculou o resultado de 693 ÷ 3 utilizando o processo de decomposição.

693 = 600 + 90 + 3

3 ÷ 3 = 1

90 ÷ 3 = 30 +

600 ÷ 3 = 200

231

Agora, como Mirella, faça as divisões a seguir.

a) 485 ÷ 5 =

b) 284 ÷ 4 =

c) 6 876 ÷ 2 =

d) 7 208 ÷ 8 =

29. Resolva as divisões a seguir.

a) $40 \div 10 =$ ____________

b) $500 \div 100 =$ ____________

c) $580 \div 10 =$ ____________

d) $59\,000 \div 1\,000 =$ ____________

e) $70\,000 \div 1\,000 =$ ____________

f) $38\,000 \div 100 =$ ____________

Que estratégia você usou para encontrar os resultados?

____

____

____

____

30. Na biblioteca onde Fátima trabalha, chegaram 1 380 livros novos, e ela precisa organizá-los em 30 prateleiras.

a) Que operação ela deve fazer para calcular a quantidade de livros que irá em cada prateleira?

____

b) Quantos livros ela deve colocar em cada prateleira?

____

____

c) Para calcular $1\,380 \div 30$, Fátima cancelou o zero do dividendo e o zero do divisor. Em seguida, dividiu 138 por 3. Mostre por meio de cálculos o raciocínio de Fátima.

d) O cálculo que Fátima fez está correto?

____

____

31. Resolva as operações a seguir.

a) $15 \times 30 =$ ______________ **c)** $9 \times 80 =$ ______________

b) $250 \div 50 =$ ______________ **d)** $160 \div 40 =$ ______________

32. Em uma pista de atletismo, cada volta completa corresponde a 400 metros. Se um atleta percorrer 20 000 metros, quantas voltas completas esse atleta dará?

Resposta: ______________________________

33. Um enfermeiro recebe, em média, 28 reais por hora trabalhada. Quantas horas ele precisará trabalhar para receber o valor de 1 820 reais? Resolva completando o algoritmo.

$$\begin{array}{r|l} 1\ 8\ 2\ 0 & 28 \\ -\ 1\ 6\ 8 & \hline \end{array}$$

Resposta: ______________________________

34. Uma torneira despeja 58 litros de água por uma hora. Quanto tempo será necessário para que essa torneira possa encher completamente um reservatório cuja capacidade é de 870 litros?

Resposta: ______________________________

35. Um funcionário de um supermercado precisa organizar 580 pacotes de sabão em 16 caixas.

a) Quantos pacotes de sabão ele precisa colocar em cada caixa?

Resposta: ______________________________

b) Sobrou algum pacote? Quantos?

Resposta: ______________________________

36. Felipe comprou uma geladeira por 2 700 reais e parcelou em 12 parcelas mensais de mesmo valor. De quanto será cada parcela?

Resposta: ______________________

37. Na escola onde Heitor estuda haverá uma reunião de pais no auditório da escola. No auditório serão colocadas 370 poltronas arrumadas em fileiras, cada uma delas com 15 poltronas. Responda.

a) Quantas fileiras serão formadas?

____

____

b) Sobrará alguma poltrona? Quantas?

____

____

c) Quantas poltronas são necessárias para formar mais uma fileira?

____

____

d) Se colocassem 10 poltronas em cada fileira, quantas fileiras seriam necessárias para distribuir todas as poltronas?

____

____

38. Roberto trabalha no estoque de uma empresa e ele organiza paletes com caixas conforme imagem ao lado.

a) Quantas caixas estão empilhadas nesse palete?

Resposta: ______________________________

b) No caminhão serão colocados 5 paletes iguais a esse. Quantas caixas serão transportadas?

Resposta: ______________________________

____

c) Se em cada caixa são colocados 6 pacotes de arroz, quantos pacotes de arroz serão transportados nesse caminhão?

Resposta: ______________________________

____

39. A biblioteca de uma escola possui atualmente 1 200 livros. Se a diretora comprar 200 livros a cada ano, quantos livros haverá no acervo da biblioteca daqui a 3 anos?

Resposta: ______________________________

____

40. Uma livraria recebeu 85 caixas com 24 livros em cada uma, que serão distribuídos em 15 prateleiras. Quantos livros serão colocados em cada prateleira? Complete.

$85 \times 24 =$ ______

A livraria recebeu ______ livros.

______ $\div 15 =$ ______

Serão colocados ______ livros em cada prateleira.

41. Veja a multiplicação que Luana fez.

$$
\begin{array}{cccc}
 & 1 & 2 & 3 \\
\times & & 1 & 2 \\
\hline
 & 2 & 4 & 6 \\
1 & 2 & 3 & + \\
\hline
1 & 4 & 7 & 6
\end{array}
$$

a) Para saber se ela acertou, que estratégia pode ser usada?

____

b) Faça o cálculo e responda: Luana acertou a multiplicação?

____

DIÁRIO DE BORDO

Nessas atividades, você aprendeu que:

- na multiplicação, a ordem dos fatores não altera o produto;
- ao multiplicar um número por 1, o resultado é o próprio número;
- ao multiplicar um número por 0, o resultado é 0 (zero).

SEQUÊNCIA 7

IGUALDADE

VAMOS COMEÇAR!

A avó de Pedro propôs uma brincadeira: ˝você pensa em um número, e eu adivinho!˝. E pediu que seguisse os seguintes passos com uma calculadora:

a) Como a avó adivinhou o número que Pedro pensou? Repita os passos e confira se Pedro calculou corretamente.

b) Se Pedro pensar em 8, qual será o resultado que dirá à avó?

VAMOS ENTENDER!

1. Observe a igualdade.

$$\underbrace{3 + 7}_{1} = \underbrace{3 + 4 + 3}_{2}$$

a) Resolva cada lado da igualdade.

1 → ______________________________

2 → ______________________________

b) O que acontece se você adicionar 5 em cada lado da igualdade?

____

c) O que acontece se você subtrair 3 em cada lado da igualdade?

____

A **relação de igualdade** não muda quando se adiciona ou subtrai um mesmo número tanto do lado direito como do lado esquerdo do sinal de igual (=).

2. Encontre o valor do número desconhecido, representado por uma figura.

■ + 12 = 55 + 5
■ + 12 = 60
■ + 12 − 12 = 60 − 12
■ = 48

a) ■ + 5 = 15 + 13

b) ■ − 50 = 64 + 36

3. Descubra o valor das figuras a seguir.

a) 5 + ● + 8 + ● + 13 = 50

b) 25 – 13 + ▲ = 15

4. Assinale a opção que apresenta o mesmo resultado da operação 68 + 32.

☐ 68 + 23 ☐ 120 – 65 ☐ 60 + 40

5. Eloá tem uma estratégia para ajudar a fazer os cálculos mentalmente. Observe como ela calculou 109 + 18.

$$109 + 18 = (109 - 9) + (18 + 9)$$
$$109 + 18 = 100 + 27$$
$$109 + 18 = 127$$

a) O que Eloá fez com cada um dos termos da adição?

____

b) A estratégia de Eloá ajudou a encontrar o resultado correto?

____

c) Faça como Eloá e calcule.

- 205 + 27 = ____________
- 197 + 32 = ____________
- 321 + 147 = ____________
- 999 + 333 = ____________

6. Milena e Paulo são irmãos, e sua mãe percebeu que Milena estava com mais lápis que Paulo. Então ela pediu que os lápis fossem distribuídos de maneira igual.

Vamos representar os lápis de Milena e de Paulo assim:

■ → lápis de Milena ● → lápis de Paulo

Vamos representar a afirmação de Milena assim:

■ – 10 = 30 ● + 10 = 30

a) Quantos lápis Milena tinha antes de dar os lápis para Paulo?

____

____

____

b) Quantos lápis Paulo tinha antes de receber os lápis de Milena?

____

____

____

7. Encontre o termo desconhecido em cada item.

a) 275 + ● = 578

b) ● – 64 = 99

c) ● – 485 = 15

d) ● + 580 = 2 500

8. O triplo de um número é igual 12. Qual é esse número?

____

____

____

9. Em cada item a seguir encontre o número escondido.

a) ★ × 9 = 180

b) ■ ÷ 15 = 8

c) 14 × ♥ = 112

d) ▲ ÷ 5 = 64

10. Usando uma calculadora, Enzo dividiu um número por 65 e obteve 125.

a) Escreva uma expressão representando a operação que ele fez.

____

b) Calcule e responda: Que número ele dividiu?

____

____

11. Escreva **V** se a alternativa for verdadeira e **F** se for falsa.

☐ O dobro de um número adicionado de 5 é igual a 17, então esse número é 6.

☐ Se o triplo de um número é 90, então esse número é 15.

☐ A metade de um número adicionado de 6 vale 31, então esse número é 50.

☐ Um número somado com ele mesmo é igual a 60, então esse número é 30.

☐ A metade de um número multiplicado por 4 é igual a 120, então esse número é 50.

DIÁRIO DE BORDO

Nessas atividades, você aprendeu que:

- uma igualdade não se altera quando se adiciona ou subtrai um mesmo número de ambos os lados da igualdade.

SEQUÊNCIA

8 NÚMEROS RACIONAIS

VAMOS COMEÇAR!

Uma lanchonete vende lanches com tamanho padrão de 30 cm, mas é possível comprar também a metade de um lanche.

a) O que o número $\frac{1}{2}$ significa?

b) Se duas crianças comprarem juntas a metade de um lanche e dividirem igualmente, com que parte do lanche cada uma ficará?

c) Qual é a metade do preço do lanche inteiro?

d) O preço de meio lanche é igual à metade do preço do lanche inteiro? Você já viu algo parecido em algum lugar?

VAMOS ENTENDER!

1. Observe os desenhos. O círculo representa 1 unidade, e a parte pintada de verde na 2ª figura representa uma porção da unidade.

1 inteiro

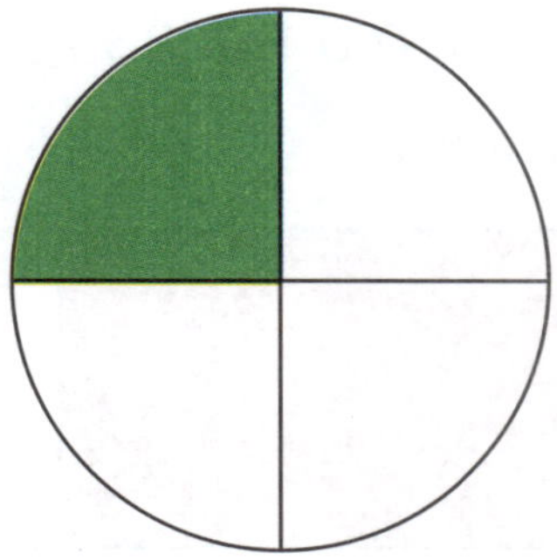

Fração de uma unidade

a) Em quantas partes a unidade foi dividida? ____________________

b) Qual é a fração que representa a parte pintada da 2ª figura? ______

c) Escreva como se lê essa fração.

____

2. Represente as frações pintando as partes correspondentes em cada círculo.

a) $\frac{1}{2}$ (um meio)

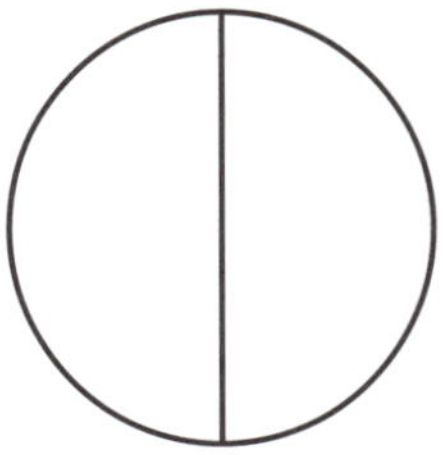

b) $\frac{1}{3}$ (um terço)

c) $\frac{1}{5}$ (um quinto)

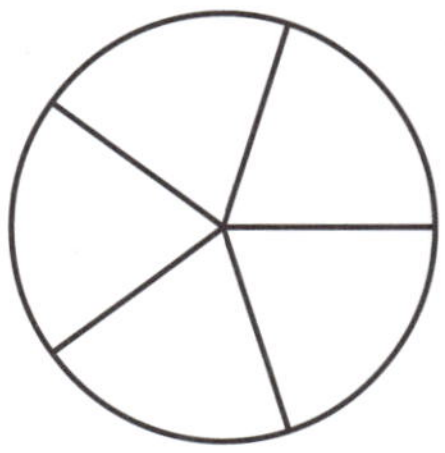

d) $\frac{1}{10}$ (um décimo)

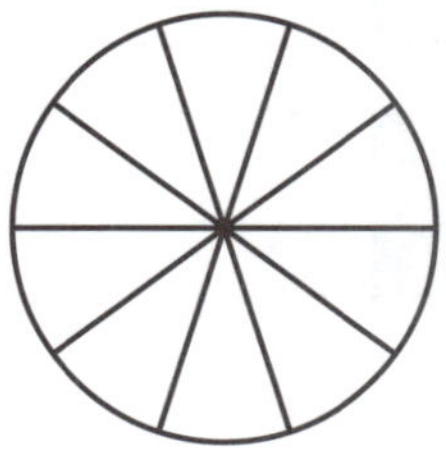

3. Esta figura representa 1 unidade.

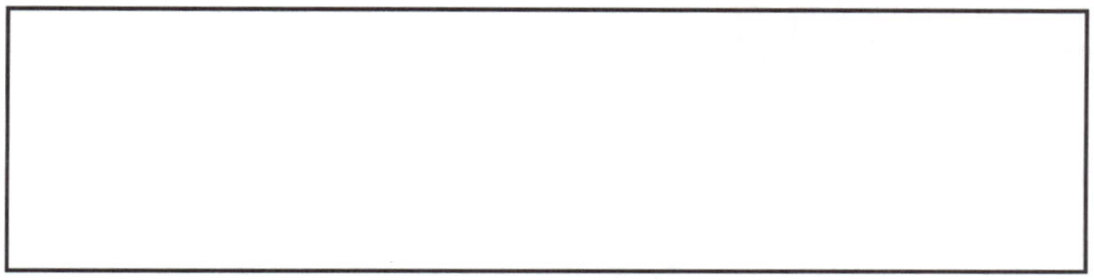

1 unidade

Escreva qual é a fração representada em cada item e assinale a que for maior.

a)

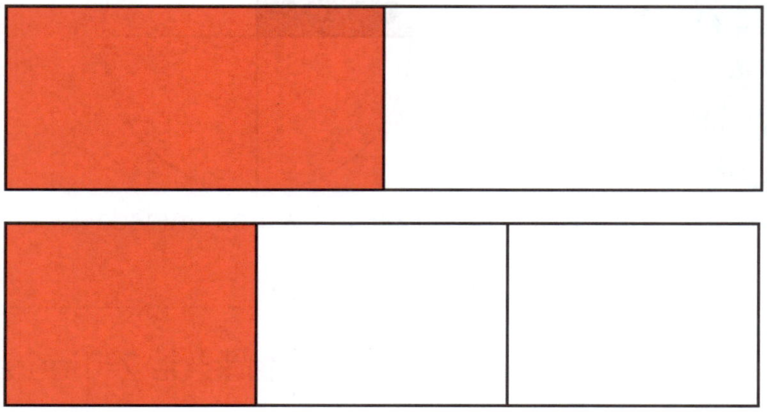

b)

c)

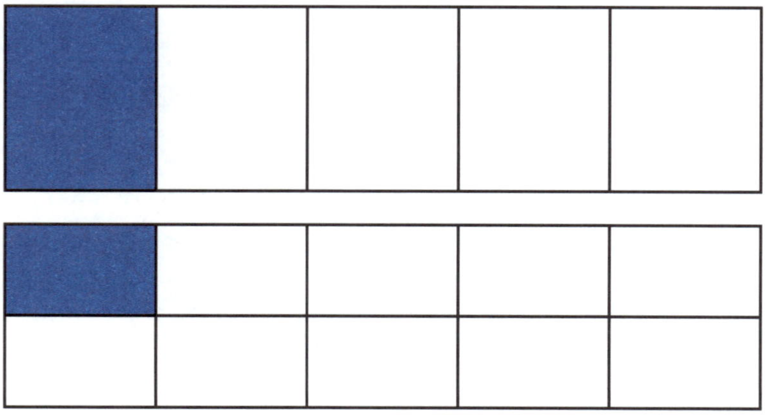

4. Observe as figuras.

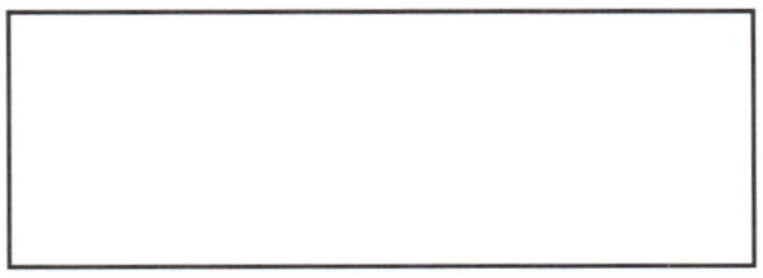

1 unidade

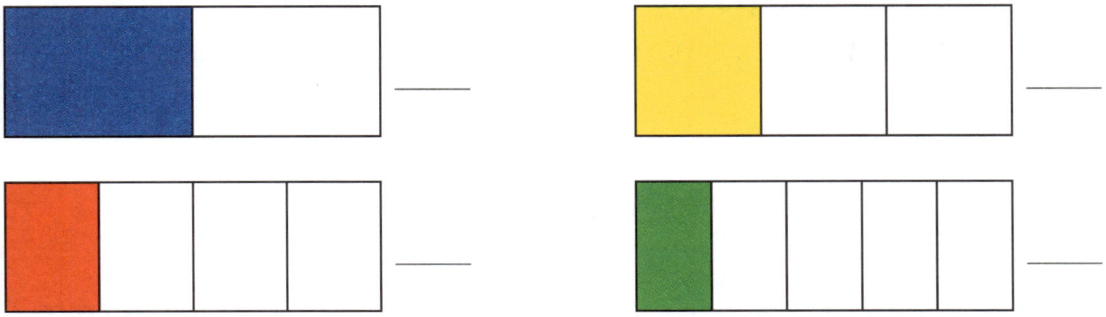

a) Escreva a fração representada em cada figura.

b) Qual é a cor da parte que representa a metade da unidade?

____

c) Qual é a cor da parte que equivale à metade da metade da unidade? Escreva a fração correspondente.

____

d) Qual é a menor fração representada?

____

5. Escreva por extenso as frações a seguir.

a) $\frac{1}{2}$: ______________________________

b) $\frac{1}{3}$: ______________________________

c) $\frac{1}{4}$: ______________________________

d) $\frac{1}{5}$: ______________________________

e) $\frac{1}{10}$: ______________________________

Os elementos de uma fração são:

$$\frac{1}{10}$$ 1 ← numerador; 10 ← denominador

- O **numerador** indica a porção considerada em relação ao todo.
- O numerador de uma **fração unitária** é sempre 1.
- O **denominador** indica o número de partes em que o inteiro foi dividido.

6. Responda.

a) Qual dessas frações representa a maior parte de um inteiro?

☐ $\frac{1}{2}$ ☐ $\frac{1}{4}$ ☐ $\frac{1}{5}$ ☐ $\frac{1}{10}$

b) Qual dessas frações representa a menor parte de um inteiro?

☐ $\frac{1}{2}$ ☐ $\frac{1}{4}$ ☐ $\frac{1}{5}$ ☐ $\frac{1}{10}$

7. Observe como Luana indicou $\frac{1}{2}$ e $\frac{1}{10}$ em um trecho da reta numérica.

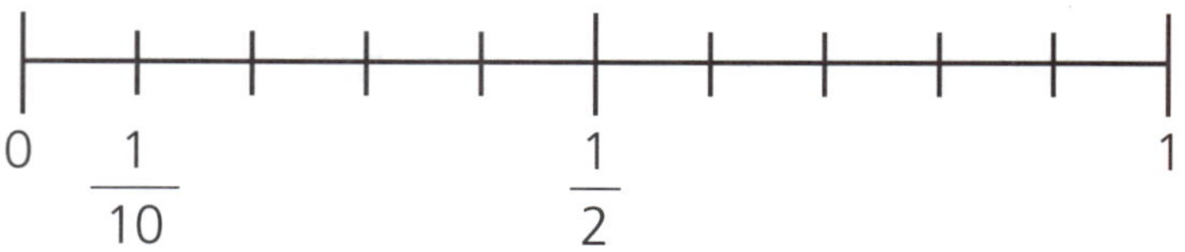

Agora, represente as seguintes frações em cada reta numérica.

a) $\frac{1}{4}$ e $\frac{1}{2}$

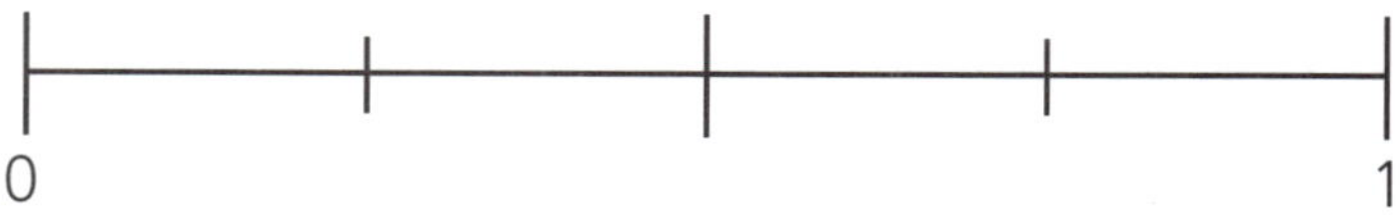

b) $\frac{1}{2}$, $\frac{1}{3}$ e $\frac{1}{6}$

c) $\frac{2}{10}$, $\frac{5}{10}$, $\frac{9}{10}$ e $\frac{10}{10}$

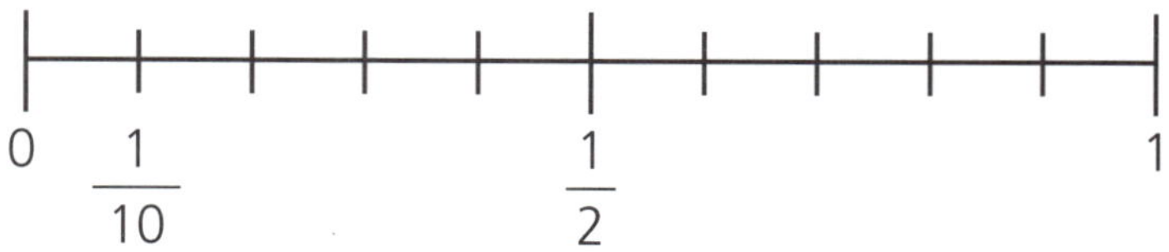

d) $\frac{1}{100}$ e $\frac{5}{100}$

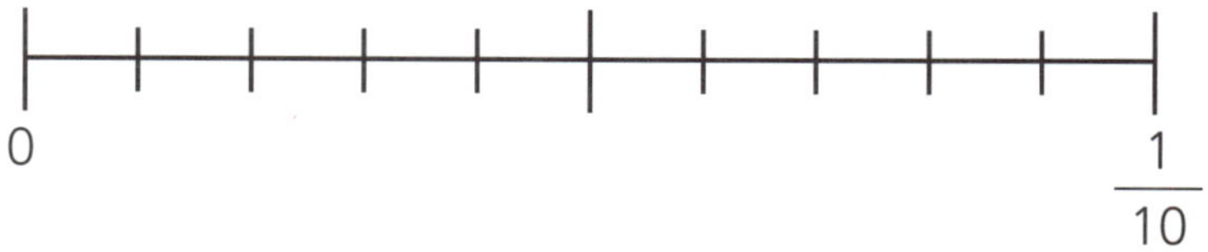

Em uma fração, o traço significa **divisão**. Assim, temos:

- $\frac{1}{10}$ representa 1 ÷ 10, que é igual a 0,1 (lê-se um décimo).
- $\frac{4}{10}$ representa 4 ÷ 10, que é igual a 0,4 (lê-se quatro décimos).
- $\frac{1}{100}$ representa 1 ÷ 100, que é igual a 0,01 (lê-se um centésimo).
- $\frac{5}{100}$ representa 5 ÷ 100 ou 0,05 (lê-se cinco centésimos).

8. Escreva as frações na forma de números decimais. Complete escrevendo os números decimais por extenso.

a) $\frac{5}{10}$ = ____ → ____________

b) $\frac{8}{10}$ = ____ → ____________

c) $\frac{2}{100}$ = ____ → ____________

d) $\frac{7}{100}$ = ____ → ____________

9. Escreva os números decimais nos quadros. Observe a indicação de ordens do número 0,25 e siga conforme modelo.

Unidade U,	Décimo d	Centésimo c
0,	2	5

a) 0,50

U,	d	c

b) 0,15

U,	d	c

c) 0,38

U,	d	c

d) 0,75

U,	d	c

10. Compare os números decimais utilizando os sinais > (é maior do que) e < (é menor do que).

a) 0,05 ___ 0,03

b) 0,8 ___ 0,5

c) 0,2 ___ 0,7

d) 0,1 ___ 0,05

e) 0,15 ___ 0,51

f) 0,01 ___ 0,10

11. Organize os números a seguir em ordem crescente.

0,8 | 0,25 | 0,05 | 0,5 | 0,1 | 0,01 | 0,9 | 0,2

____

As frações e os números decimais são chamados **números racionais**.

12. No sistema monetário, os centavos correspondem a partes do real; portanto, 50 centavos podem ser escritos como R$ 0,50. Escreva os valores monetários a seguir utilizando representação decimal.

a) 10 centavos = R$ ___________

b) 20 centavos = R$ ___________

c) 25 centavos = R$ ___________

d) 5 centavos = R$ ___________

e) 6 centavos → R$ ___________

f) 58 centavos → R$ ___________

g) 38 centavos → R$ ___________

h) 95 centavos → R$ ___________

DIÁRIO DE BORDO

Nessas atividades, você aprendeu que:

- numerador e denominador são elementos das frações;
- para comparar números decimais, é preciso observar o algarismo que ocupa cada ordem;
- frações decimais podem ser escritas como números decimais.

SEQUÊNCIA 9

SEQUÊNCIAS

VAMOS COMEÇAR!

Adriana e Paulo escreveram sequências para uma atividade de Matemática. Observe.

SHUTTERSTOCK/MARIANA TIEMI

a) O que as duas sequências têm em comum?

b) Escreva uma sequência com a mesma regra das sequências de Adriana e Paulo, começando com 5.

c) Escreva uma sequência que aumente de 4 em 4, começando com 4.

VAMOS ENTENDER! !?!

1. Observe o padrão da sequência de múltiplos de 2.

2 – 4 – 6 – 8 – 10

1 × 2 = 2

2 × 2 = 4

3 × 2 = 6

4 × 2 = 8

5 × 2 = 10

Escreva mais 5 termos dessa sequência.

____

2. Escreva uma sequência com 10 múltiplos de 5.

____

3. Observe cada sequência a seguir. Seus termos são múltiplos de que número?

a) 33 – 36 – 39 – 42 – 45

____

b) 14 – 21 – 28 – 35 – 42

____

c) 12 – 24 – 36 – 48 – 60

____

d) 8 – 16 – 24 – 32 – 40

____

e) 10 – 20 – 30 – 40 – 50

____

4. Escreva uma sequência crescente de acordo com cada regra de formação.

a) Múltiplos de 5 maiores do que 108 e menores do que 148.

___

b) Múltiplos de 9 maiores do que 20 e menores do que 80.

___

c) Múltiplos de 8 maiores do que 25 e menores do que 75.

___

d) Múltiplos de 7 maiores do que 10 e menores do que 68.

___

5. Lana e Vitor analisaram esta sequência de múltiplos.

6 – 12 – 18 – 24 – 30 – 36 – 42

SHUTTERSTOCK/MARIANA TIEMI

a) Quem acertou, Lana ou Vitor?

___

b) Há outra possibilidade para escrever o padrão dessa sequência utilizando múltiplos? Qual?

___

6. Em cada item, escreva uma sequência a partir da sequência numérica:

1 – 2 – 3 – 4 – 5 – 6 – 7 – 8 – 9 – 10

a) Multiplicando por 3.

____

b) Multiplicando por 4.

____

c) Multiplicando por 8.

____

d) Multiplicando por 9.

____

e) Multiplicando por 12.

____

f) Multiplicando por 15.

____

7. Observe a sequência e faça o que é pedido em cada item.

8 – 12 – 16 – 20 – 24 – 32 – 36 – 40

a) Quais números acima são múltiplos de 3?

____

b) Quais números acima são múltiplos de 5?

____

c) Todos os números são múltiplos de um mesmo número. Qual é ele?

____

8. Escreva uma sequência de números maiores do que 40, em ordem crescente, com a regra indicada em cada item.

a) múltiplos de 2

____

b) múltiplos de 3

____

c) múltiplos de 5

____

d) múltiplos de 6

____

9. Relacione a coluna da esquerda com a coluna da direita.

Múltiplos de 2	• 0 – 5 – 10 – 15 – 20 – 25
Múltiplos de 3	• 0 – 10 – 20 – 30 – 40 – 50
Múltiplos de 2 e 3	• 0 – 2 – 4 – 6 – 8 – 10
Múltiplos de 5	• 0 – 3 – 6 – 9 – 12 – 15
Múltiplos de 2 e 5	• 0 – 6 – 12 – 18 – 24 – 30

10. Para descobrir o padrão desta sequência, Bruno dividiu cada número por 6.

31 – 37 – 43 – 49 – 55

$$\begin{array}{r|l} 31 & 6 \\ \hline -30 & 5 \\ 1 & \end{array} \qquad \begin{array}{r|l} 37 & 6 \\ \hline -36 & 6 \\ 1 & \end{array}$$

$$\begin{array}{r|l} 43 & 6 \\ \hline -42 & 7 \\ 1 & \end{array} \qquad \begin{array}{r|l} 49 & 6 \\ \hline -48 & 8 \\ 1 & \end{array}$$

$$\begin{array}{r|l} 55 & 6 \\ \hline -54 & 9 \\ 1 & \end{array}$$

- Faça como Bruno e divida cada elemento da sequência a seguir por 6.

15 – 21 – 27 – 33 – 39 – 45

- Qual é o resto das operações que você fez?

____

11. Divida os números abaixo por 4 e organize-os de acordo com o resto da operação.

5   6   7   9   10   11   13   14   15

Resto igual a 1: _______________

Resto igual a 2: _______________

Resto igual a 3: _______________

12. Circule os números que, divididos por 7, deixam resto 3.

10 – 12 – 17 – 24 – 29 – 31 – 38 – 40

13. Complete a divisão em cada caso.

$3 \div 3 =$ ______; Resto: ______.

$4 \div 3 =$ ______; Resto: ______.

$5 \div 3 =$ ______; Resto: ______.

$6 \div 3 =$ ______; Resto: ______.

$7 \div 3 =$ ______; Resto: ______.

$8 \div 3 =$ ______; Resto: ______.

a) Para quais números o resto é 0?

____

b) Qual é o maior resto encontrado?

____

DIÁRIO DE BORDO

Nessas atividades, você aprendeu que:

- os múltiplos de um número natural podem formar sequências numéricas;
- um número pode ser múltiplo de mais de um número.

SEQUÊNCIA

10 NOSSO DINHEIRO

VAMOS COMEÇAR!

Breno pagou sua conta de energia elétrica com as cédulas e moedas que estão ilustradas a seguir.

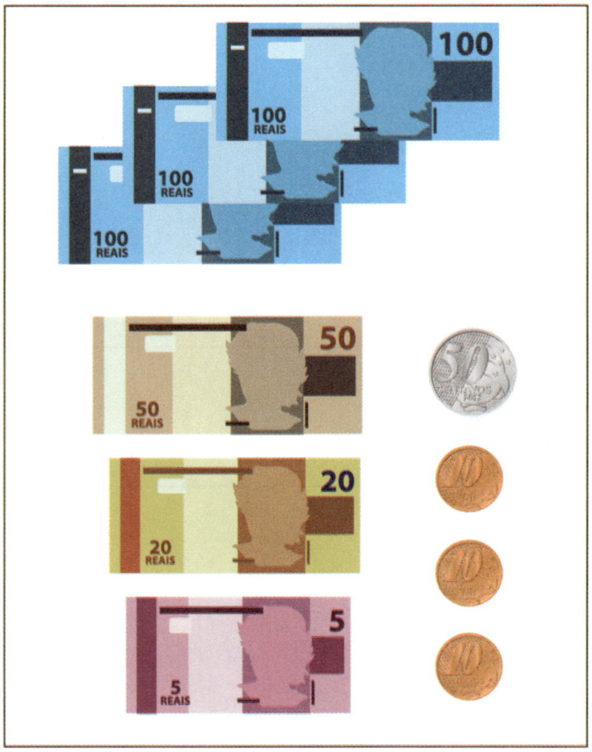

SHUTTERSTOCK/ EDITORIA DE ARTE

a) Qual é o valor considerando apenas as cédulas?

b) Qual é o valor considerando apenas as moedas?

c) Qual é o valor cobrado na conta de energia elétrica de Breno?

d) Se Breno tivesse usado duas cédulas de R$ 200,00 para pagar a conta, quanto teria recebido de troco?

VAMOS ENTENDER!

1. Em cada caso indique a quantidade de moedas de cada valor que é preciso reunir para compor R$ 1,00.

FOTOS: SHUTTERSTOCK

R$ 0,50 ____

R$ 0,25 ____

R$ 0,10 ____

R$ 0,05 ____

- Podemos dizer que 1 centavo de real é o mesmo que 1 centésimo do real? Por quê?

____

2. Represente os valores do nosso Sistema Monetário por meio de desenhos de moedas, como no exemplo.

R$ 2,00 utilizando moedas de R$ 0,50 e R$ 0,10.

(50) (50) (50) (10) (10) (10) (10) (10)

a) R$ 0,50 utilizando moedas de R$ 0,10 e R$ 0,05.

b) R$ 0,75 utilizando moedas de R$ 0,25 e R$ 0,05.

c) R$ 1,80 utilizando moedas de R$ 0,50 e R$ 0,10.

3. Helena e Alice foram comprar lanche na cantina da escola. Veja a quantia que cada uma delas tem.

SHUTTERSTOCK/MARIANA TIEMI

a) Que quantia cada uma tem?

Helena: ______________________ Alice: ______________________

b) Quem tem a maior quantia? ______________________

4. Larissa tem R$ 0,75. Marque todas as opções que representam a quantia que ela tem.

☐ 3 moedas de R$ 0,25.

☐ 2 moedas de R$ 0,25 e 4 moedas de R$ 0,05.

☐ 7 moedas de R$ 0,10 e 1 moeda de R$ 0,05.

☐ 4 moedas de R$ 0,10 e 8 moedas de R$ 0,05.

☐ 1 moeda de R$ 0,50 e 1 moeda de R$ 0,25.

5. Quantos reais estão representados em cada item?

a)

FOTOS: SHUTTERSTOCK

____

b)

FOTOS: SHUTTERSTOCK

____

6. Letícia e Isadora foram fazer compras em uma loja e anotaram o preço de alguns produtos.

Produto	Preço
Blusa	R$ 39,90
Calça	R$ 147,90
Short	R$ 69,90
Biquíni	R$ 74,80
Saia	R$ 83,70

a) Letícia tem R$ 200,00 e decidiu comprar 2 produtos; um deles é a calça. Qual é o outro produto que Letícia poderá comprar? Quanto ela vai gastar?

____

____

b) Qual será o troco de Letícia? Escreva uma opção de cédulas e moedas para o troco que ela vai receber.

____

c) Isadora também tem uma cédula de R$ 200,00 e comprará mais 2 produtos além do biquíni. Quais serão os outros produtos que ela vai levar? Qual será o valor a pagar?

____

____

d) Qual é o valor que Isadora receberá de troco? Escreva uma opção de cédulas e moedas para o troco que ela vai receber.

____

____

7. Otávio está fazendo uma pesquisa de preços em um supermercado e anotou os preços de alguns produtos em um quadro. Ajude Otávio a escrever os valores por extenso.

Produto	Preço	Como se lê
1 kg de arroz	R$ 4,70	
1 kg de feijão	R$ 8,50	
1 kg de carne	R$ 38,60	
1 kg de açúcar	R$ 3,90	
1 L de óleo	R$ 9,35	

8. Davi foi a uma livraria e comprou uma mochila por R$ 139,90 e um caderno por R$ 24,90.

a) Quanto ele pagou por esses dois objetos? ________________

b) Escreva essa quantia por extenso.

____

c) Desenhe as cédulas e moedas que Davi usou para realizar o pagamento de modo a não precisar de troco.

d) Se Davi pagar com duas notas de R$ 100,00, qual será seu troco?

9. Miguel foi a uma loja e escolheu algumas peças de roupas. Veja o que ele escolheu.

SHUTTERSTOCK/MARIANA TIEMI

A loja estava realizando uma condição especial para seus clientes: nas compras acima de R$ 300,00, o cliente ganhava um desconto de R$ 30,00 no valor total da compra.

a) Você acha que Miguel conseguirá se beneficiar desse desconto?

b) Qual é o preço total dos produtos que Miguel escolheu?

c) Considerando o desconto, qual é o valor que Miguel vai pagar?

d) Desenhe as cédulas que Miguel pode ter usado para pagar a compra.

10. Stella e seus primos querem comprar uma geladeira nova de presente para a avó. Para isso, combinaram de juntar R$ 400,00 todos os meses. Eles foram até uma loja e viram que a geladeira custa R$ 3 600,00 à vista ou R$ 3 850,00 em até 10 parcelas iguais.

a) Se eles optarem por fazer a compra à vista, quantos meses eles precisarão economizar para conseguir comprar a geladeira?

____

b) É mais vantajoso comprar a geladeira à vista ou a prazo?

____

c) Qual é a diferença entre o preço à vista e a prazo?

____

d) Caso eles resolvam comprar a geladeira a prazo, qual será o valor de cada parcela mensal?

____

11. Beto foi a uma papelaria com sua mãe para comprar um caderno. Na loja, encontrou um cartaz com uma promoção. Veja.

TRAGA O SEU CADERNO USADO PARA A RECICLAGEM
E GANHE 5 REAIS DE DESCONTO!!!

SHUTTERSTOCK/MARIANA TIEMI

Beto escolheu um caderno que custava R$ 22,75. Quanto ele vai pagar pelo caderno se entregar o caderno usado na loja?

____

____

12. Yago foi ao mercado comprar 1 kg de arroz, 1 kg de açúcar e 1 kg de feijão, e levou a quantia a seguir.

SHUTTERSTOCK

SHUTTERSTOCK

Como sua mãe permitiu que Yago ficasse com o troco, ele pesquisou os preços dos produtos em 3 mercados e fez o registro a seguir.

PRODUTO	MERCADO 1	MERCADO 2	MERCADO 3
ARROZ	R$ 4,80	R$ 4,60	R$ 4,70
AÇÚCAR	R$ 3,70	R$ 3,80	R$ 3,90
FEIJÃO	R$ 8,30	R$ 8,10	R$ 8,80

a) A fim de economizar o máximo possível, como Yago deve fazer a compra?

____

b) Qual é o valor que sua mãe lhe entregou para a compra dos produtos?

____

c) Quanto ele vai pagar pelos 3 produtos?

____

____

d) Quanto ele vai receber de troco?

____

____

13. Cristina vende bolsas pintadas à mão na feira de artesanato do bairro. Ela comprou uma bolsa por R$ 43,00 e, após pintá-la, vendeu por R$ 68,00. Quanto Cristina lucrou com o trabalho que realizou?

____

14. Felipe resolveu comprar canetas para vender. Uma caixa com uma dúzia de canetas custa R$ 28,80. Ele pretende lucrar R$ 2,00 em cada caneta. Por qual valor ele deverá vender cada caneta?

15. Rafaela foi até uma loja para comprar alguns aparelhos domésticos. Veja os aparelhos que ela escolheu.

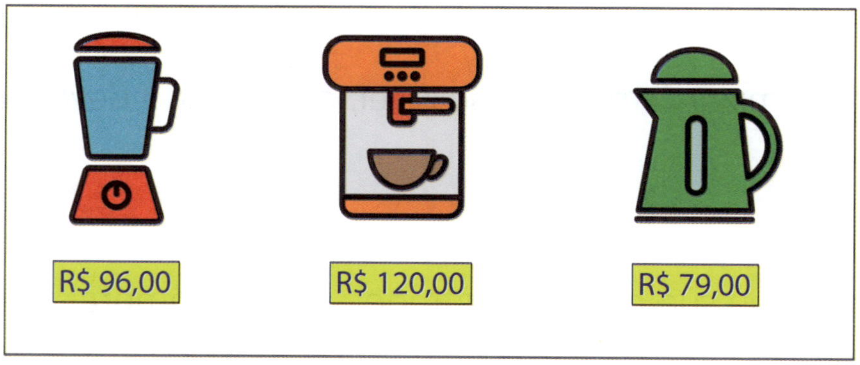

SHUTTERSTOCK/MARIANA TIEMI

Chegando ao caixa, Rafaela decidiu pagar no cartão de crédito, parcelado em 5 vezes, já que a loja não cobraria juros pelo parcelamento. Qual será o valor das parcelas que Rafaela vai pagar?

____

____

____

16. Observe os valores de dois eletrodomésticos.

SHUTTERSTOCK/MARIANA TIEMI

a) Arredonde o valor dos aparelhos e calcule mentalmente a quantia necessária para comprar os dois aparelhos.

____

____

b) Agora, faça o cálculo exato.

____

____

c) Qual é a diferença entre os dois valores que você encontrou?

____

____

DIÁRIO DE BORDO

Nessas atividades, você aprendeu que:

- o **centavo de real** pode ser relacionado com o **centésimo** da unidade;
- é possível utilizar combinações diferentes de cédulas e moedas para compor a mesma quantia;
- troco e desconto estão relacionados a situações de compra de produtos ou serviços.

SEQUÊNCIA

11 MEDIDAS DE TEMPO

VAMOS DISCUTIR!

Todos os sábados, os avós de Mirela vão buscá-la para passar parte do dia na casa deles. Da casa de Mirela até a casa dos avós, eles caminham por 25 minutos. Observe na figura o horário que eles saíram da casa de Mirela.

ILUSTRA CARTOON

a) A que horas Mirela e seus avós saíram de casa?

b) A que horas eles chegaram à casa dos avós?

c) Os pais de Mirela pediram que ela estivesse em casa às 16 horas. Considerando isso, a que horas ela precisa sair da casa dos avós?

d) Quanto tempo, ao todo, Mirela ficará fora de sua casa?

VAMOS ENTENDER!

Um horário pode ser escrito de forma abreviada. Veja.

- 7 horas → 7h
- 11 horas e 30 minutos → 11:30 ou 11h30

1. Escreva os horários indicados no relógio seguindo o exemplo.

a)

7 horas e 45 minutos → 7h45

b)

______________ → ________

c)

______________ → ________

d)

______________ → ________

e)

______________ → ________

f)

______________ → ________

2. Responda às perguntas a seguir de acordo com sua rotina de segunda-feira a sexta-feira.

a) A que horas você acorda?

____

b) A que horas você sai de casa para ir à escola?

____

c) A que horas suas aulas iniciam?

____

d) Qual é o horário do final de suas aulas?

____

e) A que horas você vai dormir?

____

> Os horários podem ser representados de 0 a 12 horas, ou de 0 a 24 horas.

3. Complete o quadro com os horários na forma abreviada.

Horário	Sistema de 12 horas	Sistema de 24 horas
8 horas da manhã		
Meio-dia e meia hora		
1 hora e 30 minutos da tarde		
5 horas da tarde		
8 horas e 15 minutos da noite		
Meia-noite e vinte minutos		

4. Na cidade onde Breno mora chegou um circo. De quinta-feira até domingo, o circo faz uma primeira apresentação às 15h30 e, depois, inicia uma nova apresentação a cada 90 minutos. Cada apresentação dura 75 minutos. Complete os horários de cada apresentação no quadro.

SHUTTERSTOCK

Apresentações	Horário de início	Horário de término
1ª apresentação		
2ª apresentação		
3ª apresentação		
4ª apresentação		

5. Assinale a unidade de medida de tempo mais adequada para medir a duração das atividades a seguir.

a) Tomar vacina.

☐ segundos ☐ minutos ☐ horas

b) Tomar banho.

☐ segundos ☐ minutos ☐ horas

c) Ir de sua casa até a escola.

☐ segundos ☐ minutos ☐ horas

d) Assistir a um filme.

☐ segundos ☐ minutos ☐ horas

6. Luana e sua família estão avaliando quanto tempo gastam para tomar banho para saber quanto consomem com água e energia elétrica. Ela descobriu que pode tomar banho lavando os cabelos em 10 minutos. Faça como Luana e meça quanto tempo você leva para realizar as atividades a seguir.

a) Escovar os dentes: ____________________

b) Tomar banho: ____________________

c) Almoçar: ____________________

d) Fazer a lição de casa: ____________________

e) Dormir durante a noite: ____________________

f) Tomar o café da manhã: ____________________

Podemos representar horários e intervalos de tempo de forma abreviada:

- 3 horas e 20 minutos → 3h20min → 3h20
- 10 minutos e 20 segundos → 10min20s
- 1 hora, 5 minutos e 30 segundos → 1h5min30s

7. Indique os intervalos de tempo por extenso e na forma abreviada seguindo o exemplo.

60 minutos → 1 hora → 1h

a) 90 minutos → ____________________ → __________

b) 190 minutos → ____________________ → __________

c) 180 segundos → ____________________ → __________

d) 250 segundos → ____________________ → __________

8. Letícia vai assistir a um filme que tem duração de 102 minutos. Assinale a opção que representa essa duração.

☐ 1h2 ☐ 1h42 ☐ 2h2

- Se ela começar a assistir ao filme às 14h30, a que horas o filme terminará?

____

9. Um piloto de carro realizou uma prova em 38 minutos. Esse tempo corresponde a quantos segundos?

☐ 228 ☐ 660 ☐ 1 880 ☐ 2 280

10. Fátima está fazendo um bolo de milho, e a receita pede que o bolo fique no forno em temperatura média por 40 minutos. Observe no relógio o horário que Fátima colocou o bolo no forno.

SHUTTERSTOCK/MARIANA TIEMI

Em que horário Fátima terá que retirar o bolo do forno?

☐ 10h17 ☐ 10h27

☐ 10h20 ☐ 10h30

11. Na escola onde Paula estuda, as aulas de reforço iniciam às 13h40 e terminam às 17h10. Qual é a duração da aula?

____

12. Fernando saiu de casa com seu pai às 9 horas da manhã. Eles chegaram ao posto de gasolina para abastecer o carro às 9h15 e permaneceram lá por 12 minutos. Em seguida, foram ao supermercado. No percurso, levaram 35 minutos. Depois permaneceram no supermercado por 40 minutos.

a) Em que horário eles saíram do posto de gasolina? ______________

b) Em que horário eles chegaram ao supermercado? ______________

c) Em que horário eles saíram do supermercado? ______________

13. Um jogo de futebol terminou às 18h. O jogo teve dois tempos de 45 minutos cada um, com 5 minutos de intervalo entre um tempo e outro. A que horas o jogo começou?

14. Um dia tem 24 horas; então, quantas horas tem uma semana?

____

____

15. Quantos segundos há em 1 hora?

____

____

16. Ligue os termos de cada coluna a seu equivalente. Se for necessário, faça uma pesquisa para identificar as equivalências.

1 quinzena	7 dias
1 semestre	100 anos
1 semana	60 minutos
1 trimestre	3 meses
1 minuto	15 dias
1 década	6 meses
1 ano	12 meses
1 bimestre	60 segundos
1 século	10 anos
1 hora	2 meses

DIÁRIO DE BORDO

Nessas atividades, você aprendeu que:

- os horários podem ser indicados de 0 a 12 horas ou de 0 a 24 horas;
- há diferentes maneiras de representar horários e intervalos de tempo.

SEQUÊNCIA

12 COMPRIMENTO E ÁREA

VAMOS COMEÇAR!

Lúcio e seus vizinhos estão decorando a miniquadra do condomínio para uma festa. Eles vão colar uma fita de LED em todo o contorno da quadra e forrar o chão com tapetes quadrados de EVA para que as crianças possam brincar.

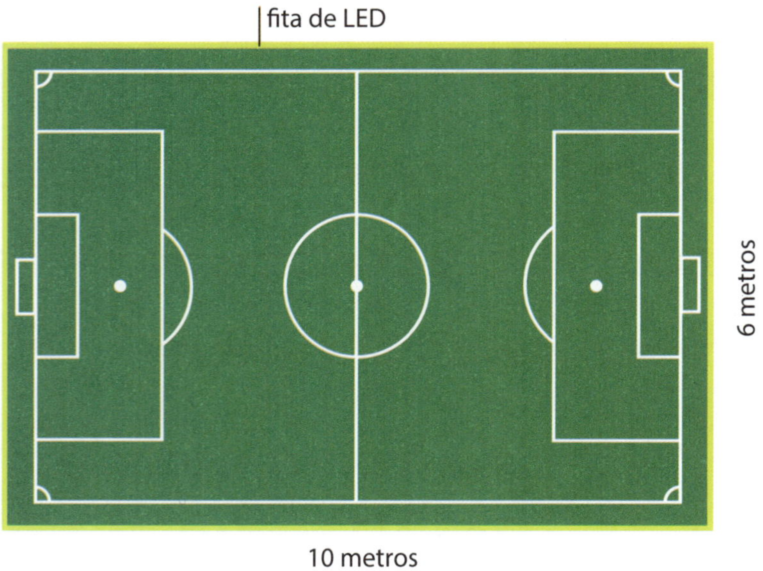

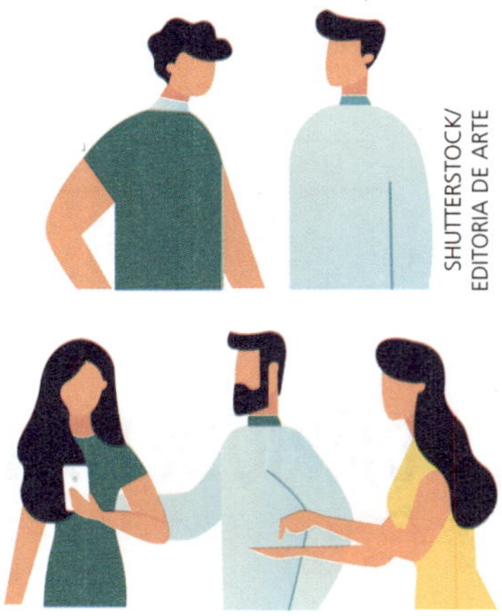

SHUTTERSTOCK/ EDITORIA DE ARTE

LED (Light Emitting Diode); EVA (Etileno Acetado de Vinila).

a) Quantos metros de fita LED serão necessários?

b) Se os tapetes quadrados de EVA medirem 1 metro de lado, quantas peças serão necessárias para forrar toda a miniquadra?

VAMOS ENTENDER!

1. Marcelo e sua família saíram de férias e vão percorrer 1 560 km de carro. Como a viagem seria longa, eles fizeram a primeira parada em uma pousada a 570 km do ponto de partida. Quantos quilômetros ainda faltam para completar a viagem após a primeira parada?

2. Patrícia gosta de fazer caminhada ao redor de um parque próximo à sua casa. Esse parque tem forma retangular e mede 450 m de largura por 530 m de comprimento.

SHUTTERSTOCK

a) Qual é a distância que Patrícia percorre ao dar uma volta no parque?

b) Em 5 voltas, ela caminha mais do que 10 quilômetros?

c) Se Patrícia der 5 voltas no parque por dia, quantos quilômetros ela percorrerá em 5 dias?

3. Observe e registre o comprimento destes dois objetos escolares.

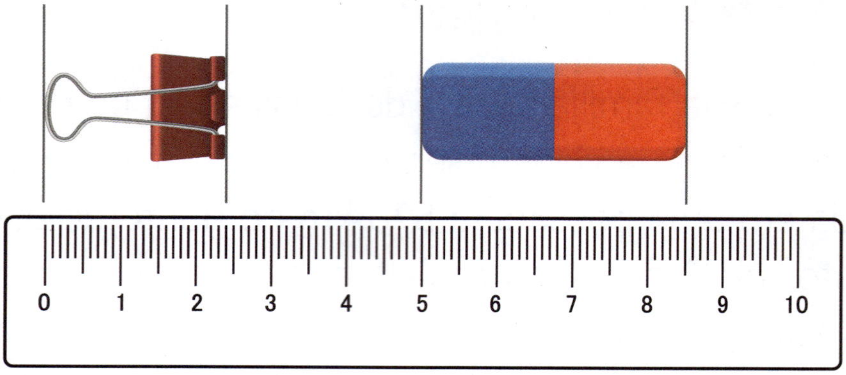

SHUTTERSOTCK/ MARIANA TIEMI

Clipe: ______________________________

Borracha: ______________________________

Qual é a diferença de comprimento entre esses dois objetos?

____

____

4. Carla quer colocar rodapé em sua sala retangular, que tem 8 m de comprimento por 5 m de largura. Quantos metros de rodapé ela precisa comprar?

____

____

5. Marcela caminhou durante 2 horas: na primeira hora ela andou 2 500 metros e na segunda hora, 1 500 metros.

a) Quantos metros ela andou durante as 2 horas?

____

____

b) Esse valor corresponde a quantos quilômetros?

____

____

6. Complete o quadro com a equivalência entre os múltiplos e submúltiplos do metro.

Milímetro	Centímetro	Metro	Quilômetro
100 mm		0,1 m	0,0001 km
1 000 mm		1 m	
		10 m	0,01 km
100 000 mm		100 m	0,1 km
1 000 000 mm	100 000 cm	1 000 m	1 km

7. Transforme as medidas para metro.

a) 25 cm = ______ m

b) 7 km = ______ m

c) 64,5 cm = ______ m

d) 59 mm = ______ m

e) 1 385 mm = ______ m

f) 5,6 m = ______ cm

g) 1 500 cm = ______ m

h) 150 cm = ______ m

8. Caio recorta fitas de papel com 15 cm de comprimento para decorar sua pipa.

- Se Caio fizer 20 fitas, quantos metros de fita terá feito?

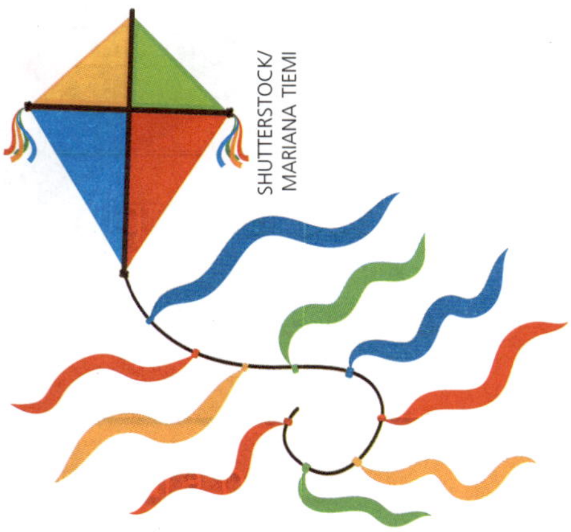
SHUTTERSTOCK/
MARIANA TIEMI

____

____

9. Paula está pintando faixas de tecido com 1 metro de comprimento para decorar a festa da escola. Escreva quanto falta pintar em cada faixa, considerando que ela já pintou:

a) 25 centímetros: ______

b) 40 centímetros: ______

c) 50 centímetros: ______

O comprimento do **contorno** de uma figura plana é chamado **perímetro**.

10. Antônio está fazendo um curral para colocar seus animais. Para isso, ele escolheu um espaço de 8 metros de comprimento por 4 metros de largura.

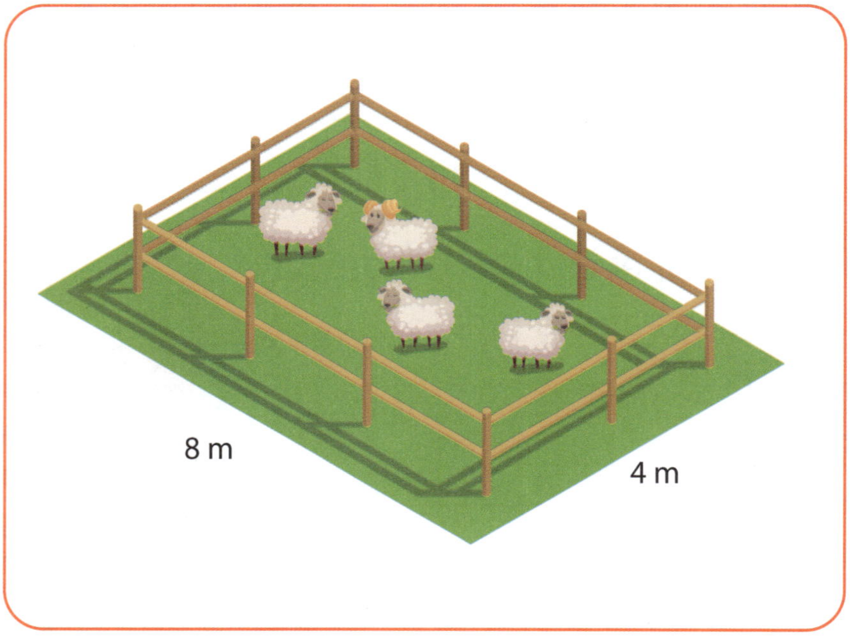

SHUTTERSTOCK/MARIANA TIEMI

a) Qual é o perímetro do curral?

______

b) Quantos metros de ripa de madeira serão usados para cercar todo o curral se ele vai usar 2 fileiras de madeira? Para as estacas, ele já tem o material.

______

11. Calcule o perímetro das figuras a seguir.

a)

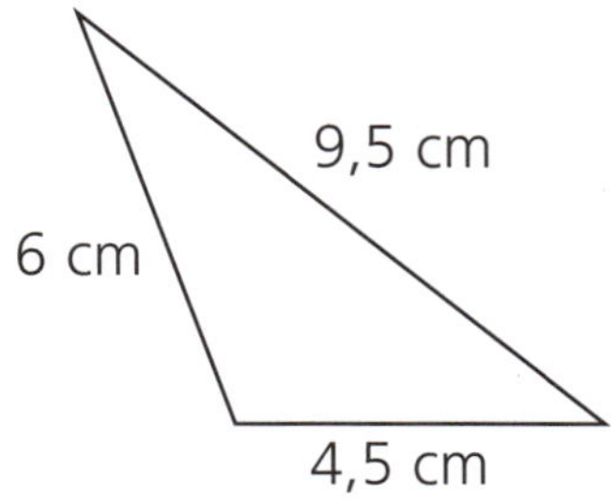

____

b)

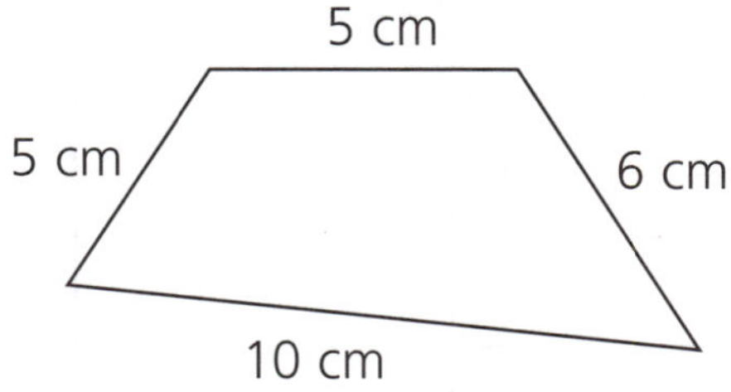

____

c)

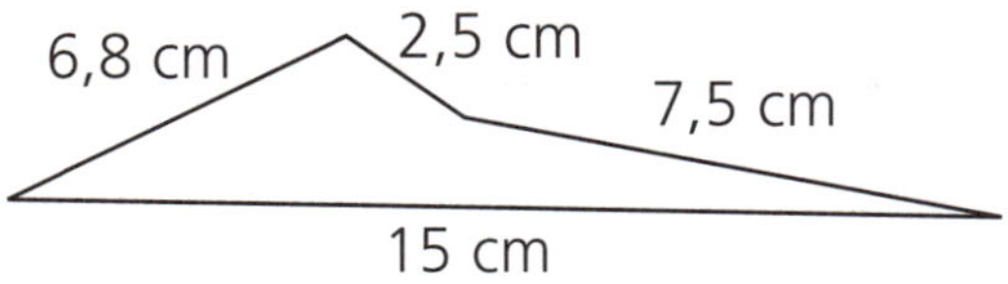

____

d)

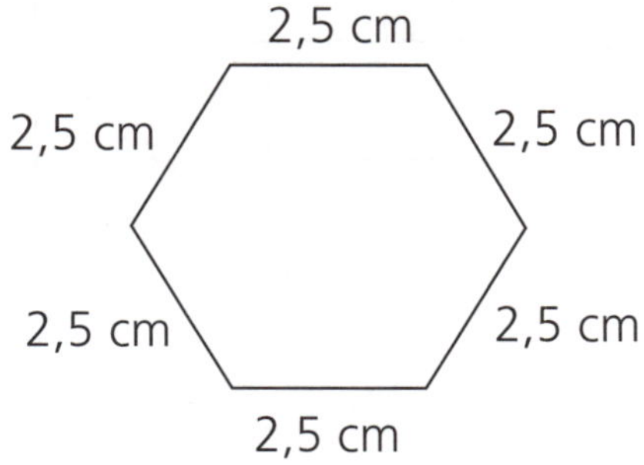

____

12. Estas figuras têm todas o mesmo perímetro. Confira.

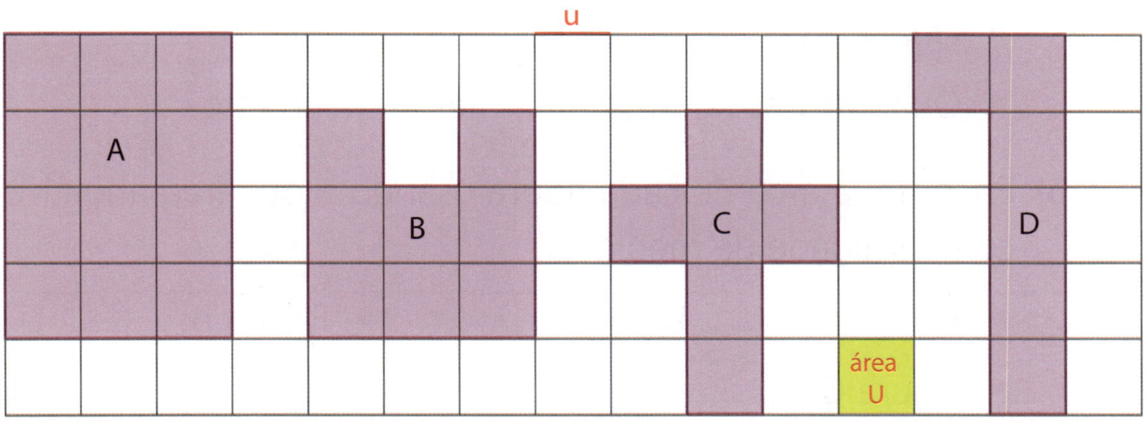

MARIANA TIEMI

a) Considerando que o lado de cada quadradinho mede 1 unidade (1 u) de comprimento, qual é o perímetro das figuras?

____

b) Quais figuras têm a mesma área? ______________________

c) Qual das figuras tem a maior área? ______________________

d) As figuras precisam ter o mesmo formato para ter a mesma área?

____

____

13. As figuras a seguir foram construídas em uma malha quadriculada de 1 cm.

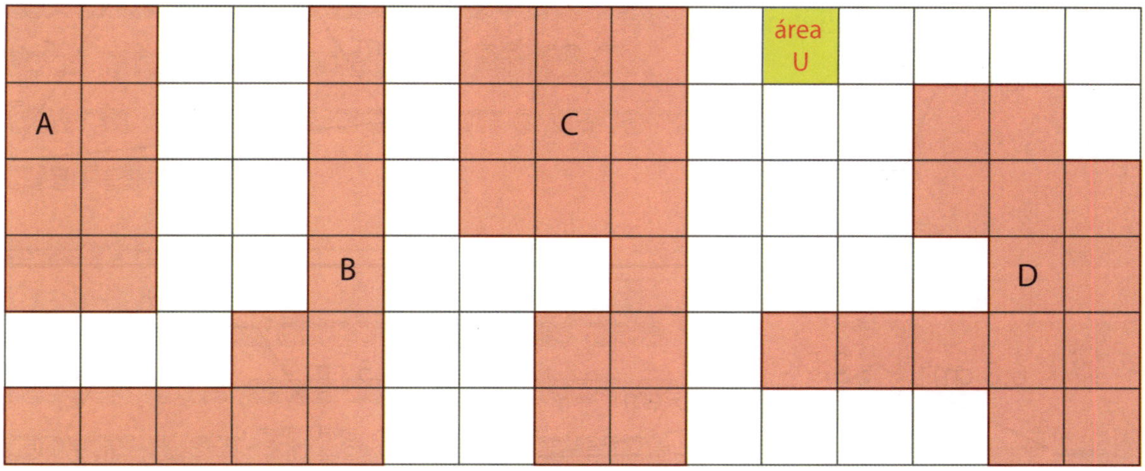

MARIANA TIEMI

a) Encontre o perímetro de cada figura.

- Figura A: ______ u
- Figura B: ______ u
- Figura C: ______ u
- Figura D: ______ u
- Qual dessas figuras tem o menor perímetro? __________
- Quais dessas figuras têm o mesmo perímetro? ______________

b) Encontre a área de cada figura usando 1 quadradinho (1 U) como unidade de medida.

- Figura A: _____ U
- Figura B: ______ U
- Figura C: ______ U
- Figura D: ______ U
- Dessas figuras, qual tem a menor área? ________________
- Dessas figuras, quais têm a mesma área? ________________

- **1 centímetro quadrado** ($1\ cm^2$): área de um quadrado com lado de 1 cm.
- **1 metro quadrado** ($1\ m^2$): área de um quadrado com lado de 1 m.
- **1 quilômetro quadrado** ($1\ km^2$): área de um quadrado com lado de 1 km.

14. Esta malha quadriculada é formada por quadradinhos de 1 cm de lado.

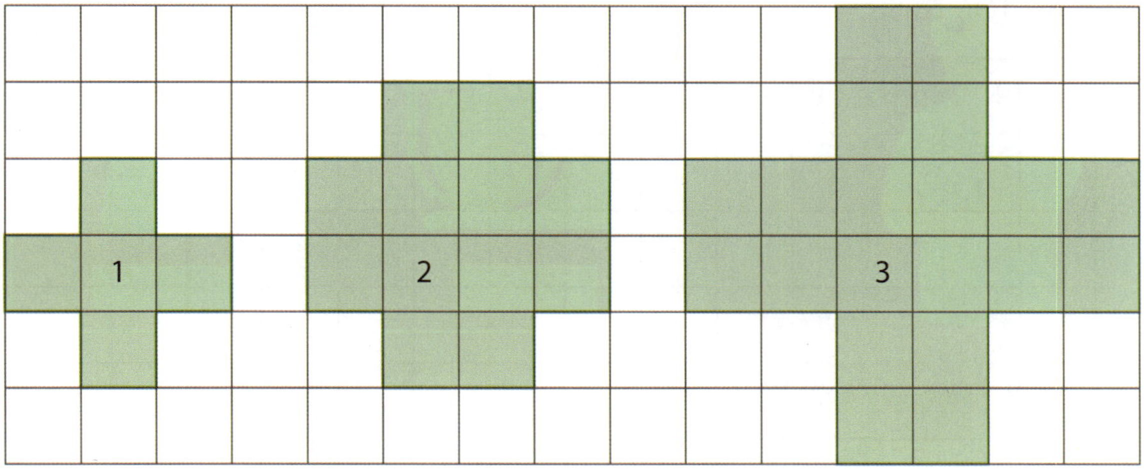

MARIANA TIEMI

a) Escreva o perímetro de cada figura.

- Figura 1: ____ cm
- Figura 2: ____ cm
- Figura 3: ____ cm

b) O perímetro da figura 3 é quantas vezes maior do que o da figura 1?

____

c) Escreva a área de cada figura:

- Figura 1: ____ cm^2
- Figura 2: ____ cm^2
- Figura 3: ____ cm^2

d) Quantas vezes a área da figura 3 é maior do que a da figura 1?

____

15. Desenhe uma figura que tenha perímetro de 10 u e outra figura com área de 7 U.

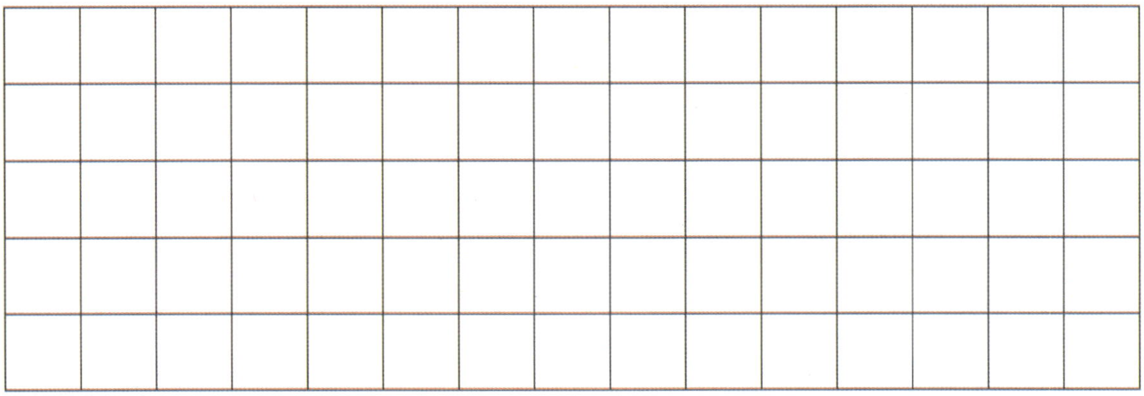

MARIANA TIEMI

16. Considerando que cada quadradinho tem 1 cm de lado, observe as figuras e marque **V** se a afirmação for verdadeira e **F** se for falsa.

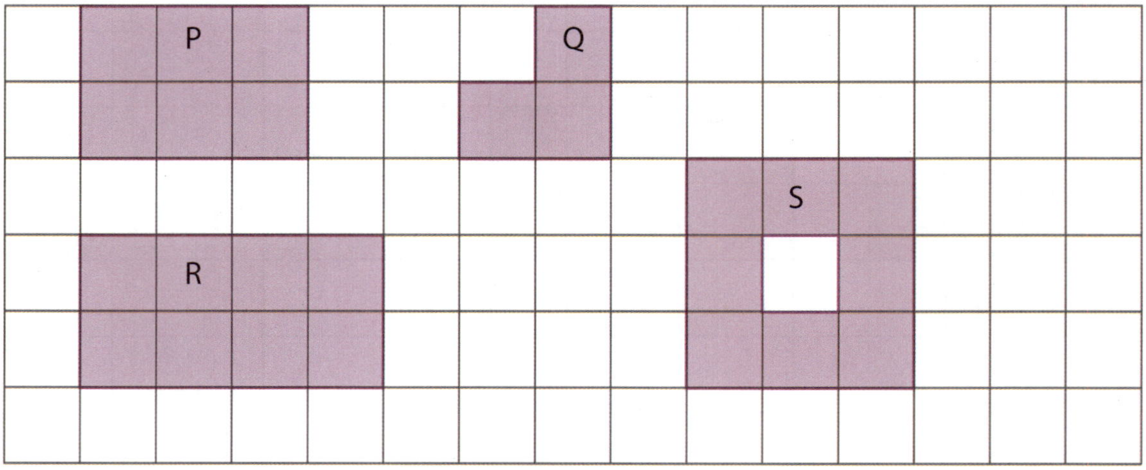

MARIANA TIEMI

( ) As áreas das figuras R e S são iguais a 8 cm².

( ) A figura Q tem a menor área e o menor perímetro.

( ) Área e perímetro representam o mesmo valor na figura R.

( ) A área da figura S é o triplo da área da figura Q.

( ) A área da figura P é o dobro da área da figura Q.

17. Qual das figuras tem a maior área?

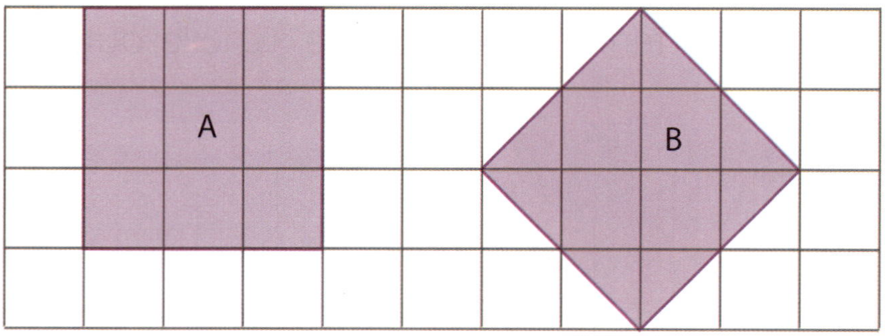

MARIANA TIEMI

Área da figura A: ______________________________

Área da figura B: ______________________________

Resposta: ______________________________

18. Beatriz desenhou a planta baixa de sua casa em uma malha quadriculada. Cada quadradinho corresponde a uma área de 1 m². Observe a figura e responda às perguntas a seguir.

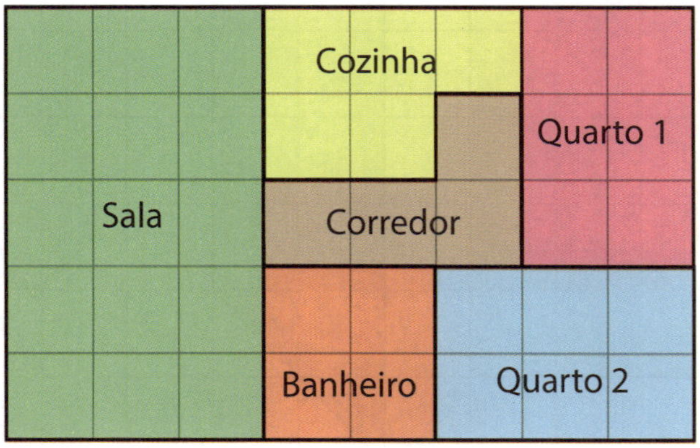

MARIANA TIEMI

a) Qual é a área de cada cômodo?

- Sala: _____.
- Cozinha: _____.
- Corredor: _____.
- Banheiro: _____.
- Quarto 1: _____.
- Quarto 2: _____.

b) Qual é o cômodo com maior área? _______________

c) Qual é a área de toda a casa? _______________

d) Qual é a diferença entre as áreas da sala e de um dos quartos?

____

Vista superior de parte de uma casa, sem o telhado.

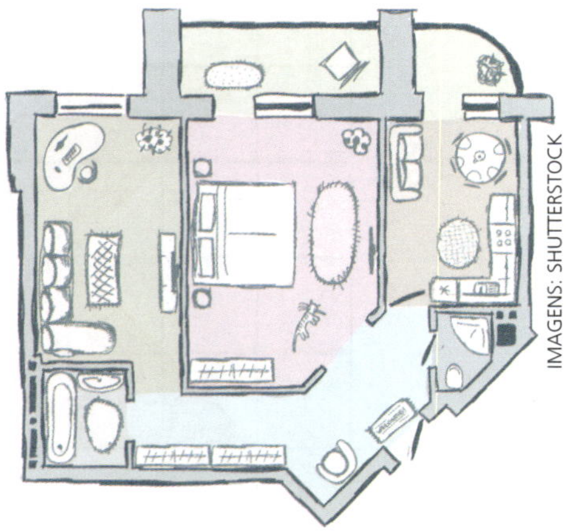

Desenho esquemático da planta baixa de uma casa.

IMAGENS: SHUTTERSTOCK

19. As figuras a seguir foram compostas em uma malha em que cada quadradinho mede 1 unidade de área (1 U).

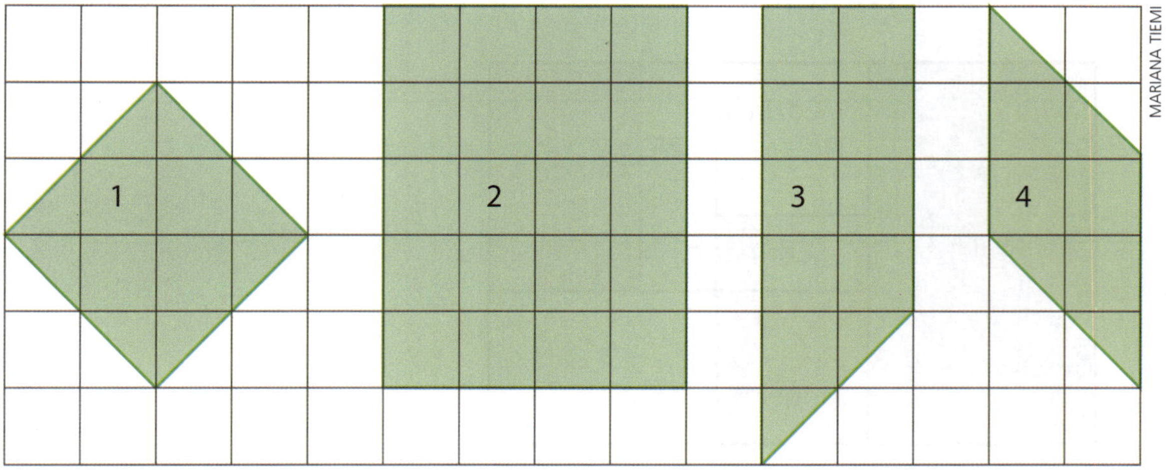

a) Qual é a área de cada figura?

- Figura 1: ______
- Figura 2: ______
- Figura 3: ______
- Figura 4: ______

b) Quantas vezes a figura 2 é maior do que a figura 3?

____

20. Considerando que a área de cada quadradinho é 1 U, qual é a área da parte pintada?

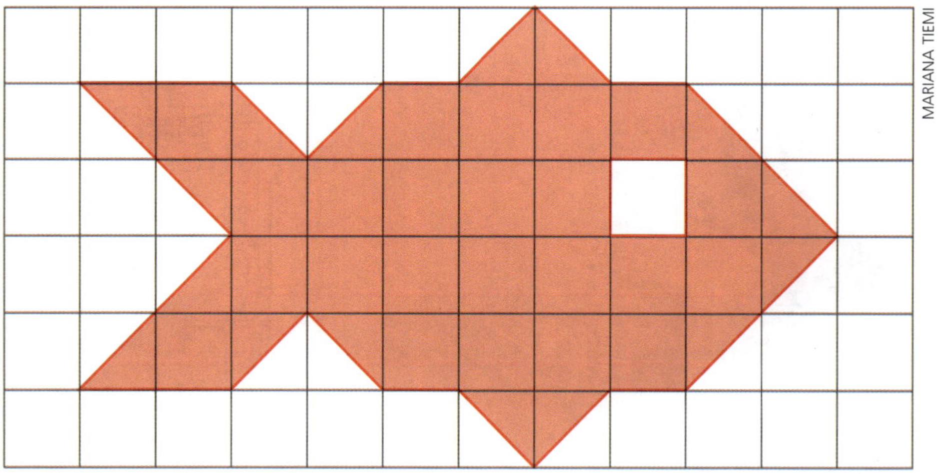

☐ 29 U ☐ 30 U ☐ 31 U ☐ 32 U

21. Luciana desenhou a planta baixa de sua casa em uma malha quadriculada. Cada lado do quadradinho representa a medida real de 1 metro.

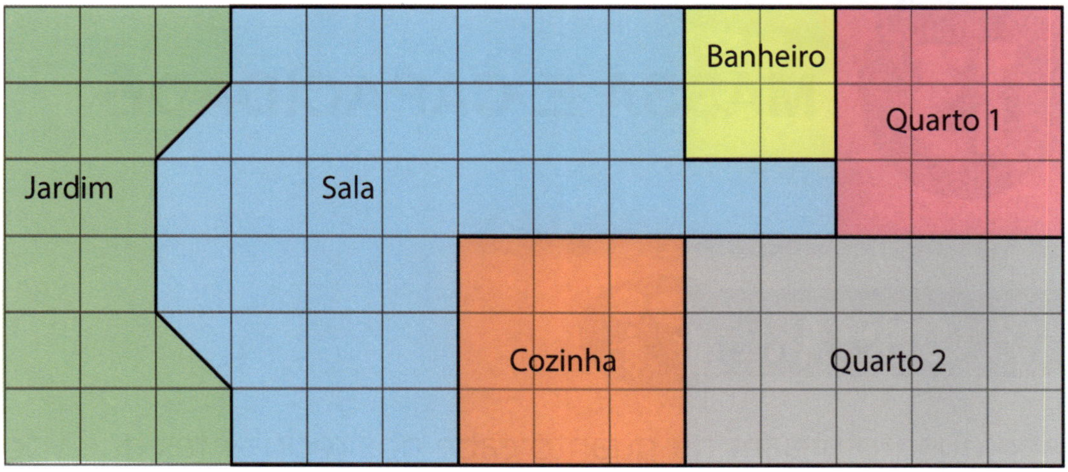

MARIANA TIEMI

a) Será colocada grama no jardim. Para saber a quantidade de grama a comprar, calcule a área do jardim.

___

b) Dois cômodos da casa possuem áreas iguais. Quais são eles?

___

c) Qual é o maior cômodo dessa casa? E o menor?

___

DIÁRIO DE BORDO

Nessas atividades, você aprendeu que:

- para unidade de medidas de comprimento, podem ser utilizados múltiplos e submúltiplos do metro;
- **perímetro** é o comprimento do **contorno** de uma figura;
- figuras com perímetros diferentes podem ter áreas iguais.

SEQUÊNCIA 13

MASSA E CAPACIDADE

VAMOS COMEÇAR!

Você sabe quanto pesam ou quanto cabe nos recipientes que você usa no dia a dia?

SHUTTERSTOCK/EDITORIA DE ARTE

a) Faça uma lista dos recipentes que você usa todos os dias no café da manhã ou no almoço. Quanto eles pesam? Meio quilo? 100 gramas? Faça uma estimativa. Depois, confira.

b) E os recipientes que se usam na cozinha como panelas e tigelas? Quanto cabe neles? Faça uma estimativa. Depois, veja se acertou.

VAMOS ENTENDER!

1. Com uma balança de cozinha, obtenha a massa dos objetos a seguir e indique a medida em gramas.

a) Uma borracha escolar: ______

b) Um caderno: ______

c) Um tubo de cola: ______

d) Um copo de vidro vazio: ______

e) Um par de tênis: ______

2. Luan acha que seu peixe de estimação não está comendo o suficiente. O veterinário o orientou a pesar o peixe de tempos em tempos para saber se ele está perdendo peso ou não. Inicialmente, Luan pesou o aquário com o peixe e obteve 2 quilogramas e 200 gramas. Em seguida, Luan retirou o peixe e pesou novamente o aquário. Obteve 2 quilogramas e 180 gramas. Qual é a massa do peixe?

SHUTTERSTOCK

______

3. Camila foi almoçar com sua mãe em um restaurante que vende comida a quilo. Na hora de pesar a comida, a atendente pesou primeiro um prato vazio e obteve 250 g. Em seguida, ela pesou o prato de Camila e obteve 495 g. Qual é a massa da comida que Camila pegou para comer?

______

- **1 quilograma** corresponde a **1 000 gramas**
  1 kg = 1 000 g
- **1 grama** corresponde a **1 000 miligramas**
  1 g = 1 000 mg

4. Escreva as medidas a seguir em quilogramas, como no exemplo.

500 g = 0,5 kg

a) 100 g = ________ kg

b) 250 g = ________ kg

c) 600 g = ________ kg

d) 1 000 g = ________ kg

e) 2 000 g = ________ kg

f) 3750 g = ________ kg

5. Escreva as medidas a seguir em gramas, como nos exemplos.

500 mg = 0,5 g

1,5 kg = 1 500 g

a) 100 mg = ________ g

b) 250 mg = ________ g

c) 750 mg = ________ g

d) 1 000 mg = ________ g

e) 0,8 kg = ________ g

f) 24,3 kg = ________ g

6. Pedro foi à farmácia se pesar. Observe a medida que ele obteve na balança.

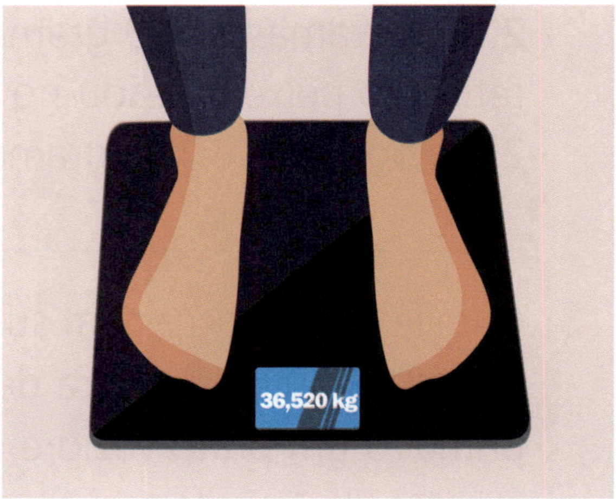

SHUTTERSTOCK/EDITORIA DE ARTE

a) Qual é a unidade de medida que aparece na balança?

____

b) Complete a medida: ______ kg e ______ g.

c) Escreva a massa de Pedro em gramas. ________

7. Usando uma balança, obtenha a massa dos seguintes objetos.

a) Sua mochila escolar: ________________.

b) Uma dúzia de bananas: ________________.

c) Uma dúzia de laranjas: ________________.

8. No supermercado, o pai de Sophie comprou 1 kg de açúcar, 2 kg de arroz e 2 pacotes de 500 g de macarrão. Após pagar, ele colocou as compras dentro da mochila para levar para casa. Sem as compras, sua mochila já pesava 1,5 kg. Quanto pesou a mochila com as compras dentro dela?

____

____

9. Coloque a unidade de massa mais adequada para medir a massa dos itens a seguir.

a) 

SHUTTERSTOCK

____

d) 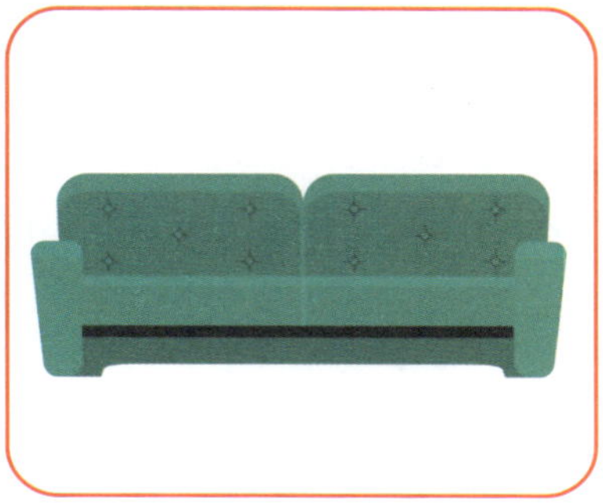

SHUTTERSTOCK

____

b) 

SHUTTERSTOCK

____

e) 

SHUTTERSTOCK

____

c) 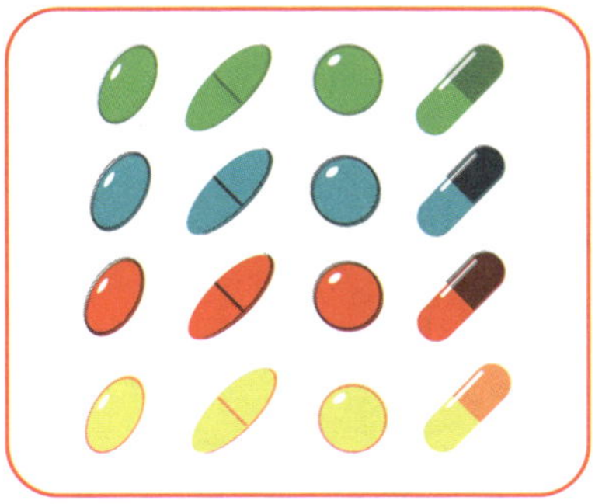

SHUTTERSTOCK

____

f) 

SHUTTERSTOCK

____

10. Isabel foi ao supermercado e comprou 3 kg de arroz, 5,7 kg de carne 700 g de presunto e 800 g de queijo. Quantos quilogramas de alimento ela comprou?

____

____

____

11. Para economizar água, Marcelo pesquisou a quantidade de água que gastava em suas atividades diárias. Ele descobriu que a torneira da pia de seu banheiro despeja 2 litros de água a cada minuto em que fica aberta.

a) Se Marcelo demora 5 minutos para escovar os dentes e deixa a torneira aberta durante todo esse tempo, quantos litros de água ele gasta?

____

____

b) Fechando a torneira durante a escovação, Marcelo percebeu que a torneira ficava aberta por apenas 1 minuto. Quantos litros de água ele passou a gastar?

____

____

c) Quantos litros de água ele passou a economizar em uma escovação dos dentes?

____

____

12. Complete a correspondência entre as medidas a seguir.

a) 200 mL = ______ L

b) 500 mL = ______ L

c) 1 500 mL = ______ L

d) 1,25 L = ______ mL

e) 5 L = ______ mL

f) 7,5 L = ______ mL

13. Maitê está com uma enfermidade, e seu médico lhe receitou 10 mL de certo medicamento uma vez ao dia, durante 30 dias. Esse medicamento é vendido em frascos de 500 mL que acompanham um copo medidor. Logo no segundo dia, Maitê perdeu o copo medidor e precisou utilizar uma colher para medir a quantidade de medicamento que precisava tomar. Ela escolheu usar uma colher de chá, que tem capacidade para 5 mL.

a) Quantas colheres de medicamento Maitê precisa tomar para atingir a dose adequada?

____

b) Com um frasco desse medicamento, é possível tomar quantas doses de 10 mL?

____

c) Um frasco desse medicamento é o suficiente para o tratamento de Maitê?

____

____

d) Após 30 dias, Maitê retornou ao médico, que lhe recomendou a continuidade do tratamento com o medicamento por mais 30 dias, porém com uma dose diária de 5 mL. Ela precisa comprar outro frasco de medicamento para terminar o tratamento? Explique.

____

____

- **1 litro** corresponde a **1 000 mililitros**.
  1 L = 1 000 mL
- **1 mililitro** corresponde a **0,001 litro**.
  1 mL = 0,001 L

14. A mãe de Gustavo comprou um garrafão com 20 L de água. Para armazenar a água na geladeira, ela tem garrafas com capacidade para 600 mL. De quantas garrafas ela vai precisar para guardar toda a água?

____

____

15. O reservatório de água de uma residência tem capacidade para 1 000 L de água. Para higienizar esse reservatório, é preciso retirar a água e colocá-la em quantos garrafões com capacidade para 20 L?

____

____

16. Na casa de Lis, uma torneira da cozinha está gotejando. Ela colocou um copo com capacidade de 200 mL embaixo da torneira e, após uma hora, percebeu que o copo estava completamente cheio, mas não tinha transbordado. Se o encanador puder consertar a torneira somente no dia seguinte, qual será a capacidade mínima do recipiente que Lis precisa colocar embaixo da torneira para que não derrame água? Considere que vão se passar 24 horas.

DIÁRIO DE BORDO

Nessas atividades, você aprendeu que:

- para resolver problemas envolvendo medidas de massa e capacidade, é preciso considerar a unidade de medida utilizada.

SEQUÊNCIA

14 TEMPERATURA

VAMOS COMEÇAR!

Nicolas e Guilherme são primos e moram em regiões diferentes do Brasil. Nicolas mora em São Joaquim (SC) e Guilherme, em Recife (PE). Em um dia, eles resolveram registrar ao mesmo tempo a temperatura em suas cidades. Observe.

SHUTTERSTOCK/MARIANA TIEMI

a) Em que cidade a temperatura está maior?

b) Qual é a diferença de temperatura entre as duas cidades nesse dia?

VAMOS ENTENDER!

1. Pesquise e registre no caderno o que é pedido em cada item.

a) Qual é o dia de hoje?

b) Qual é a previsão para a temperatura mínima hoje em sua cidade?

c) Qual é a previsão para a temperatura máxima hoje em sua cidade?

No Brasil, utilizamos a **escala Celsius** para medir temperatura.
25 °C: *lê-se vinte e cinco graus Celsius.*

2. O quadro a seguir apresenta medidas de temperaturas máximas e mínimas de 5 capitais brasileiras em um mesmo dia.

Capital	Temperatura máxima	Temperatura mínima
Belém	32 °C	29 °C
Belo Horizonte	28 °C	22 °C
Campo Grande	29 °C	22 °C
Curitiba	15 °C	7 °C
Natal	29 °C	24 °C

a) Qual das capitais registrou a menor temperatura mínima?

____

b) Qual foi a temperatura máxima em Natal? E a mínima?

____

c) Qual foi a variação de temperatura em Natal nesse dia?

____

d) Qual das capitais teve maior variação de temperatura nesse dia?

____

3. O gráfico de barras a seguir apresenta as temperaturas mínimas e máximas em Belo Horizonte ao longo de um período de 5 dias. Observe atentamente o gráfico e responda às perguntas.

TEMPERATURAS MÍNIMA E MÁXIMA EM BELO HORIZONTE DURANTE 5 DIAS

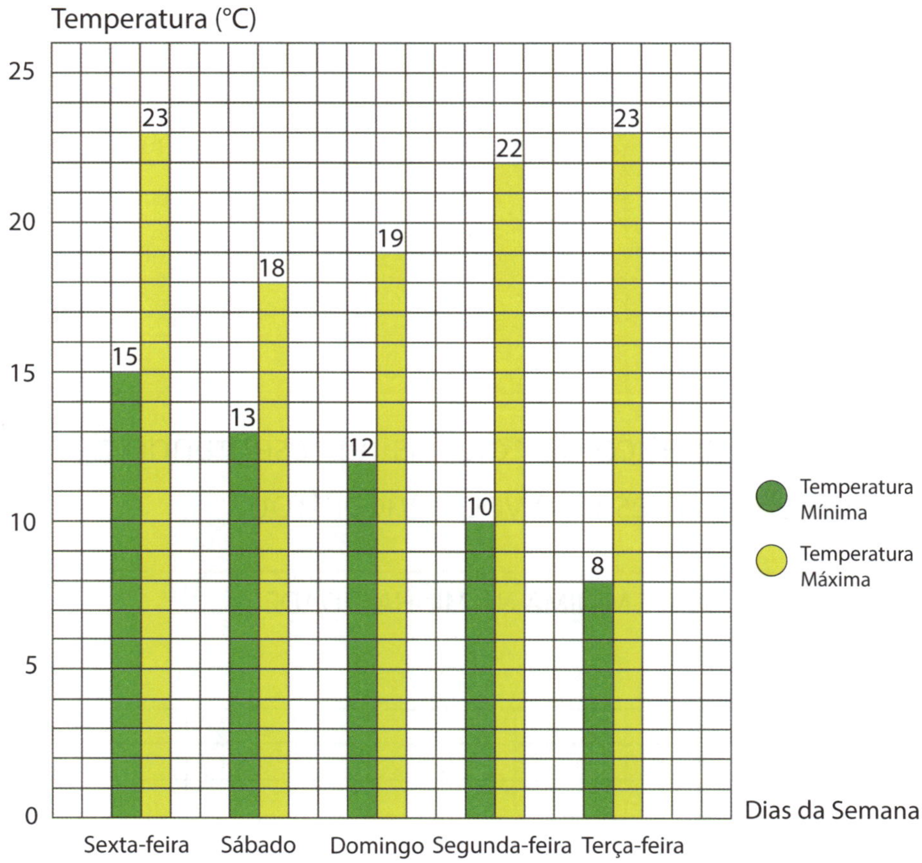

EDITORIA DE ARTE

a) Em que dias foi registrada a maior temperatura máxima?

____

b) Em que dia foi registrada a menor temperatura mínima?

____

c) Em que dias as temperaturas máximas foram iguais?

____

d) Qual foi a diferença entre a maior e a menor temperatura máxima?

____

e) Qual foi a diferença entre a maior e a menor temperatura mínima?

____

4. Realize uma pesquisa em jornais, televisão ou na internet sobre as temperaturas máximas e mínimas em sua cidade durante uma semana e registre os dados coletados na tabela a seguir.

Dias da semana	Temperatura máxima	Temperatura mínima
Domingo		
Segunda-feira		
Terça-feira		
Quarta-feira		
Quinta-feira		
Sexta-feira		
Sábado		

Construa um gráfico de colunas representando as temperaturas máximas e mínimas que você encontrou.

TEMPERATURAS MÁXIMA E MÍNIMA NA MINHA CIDADE

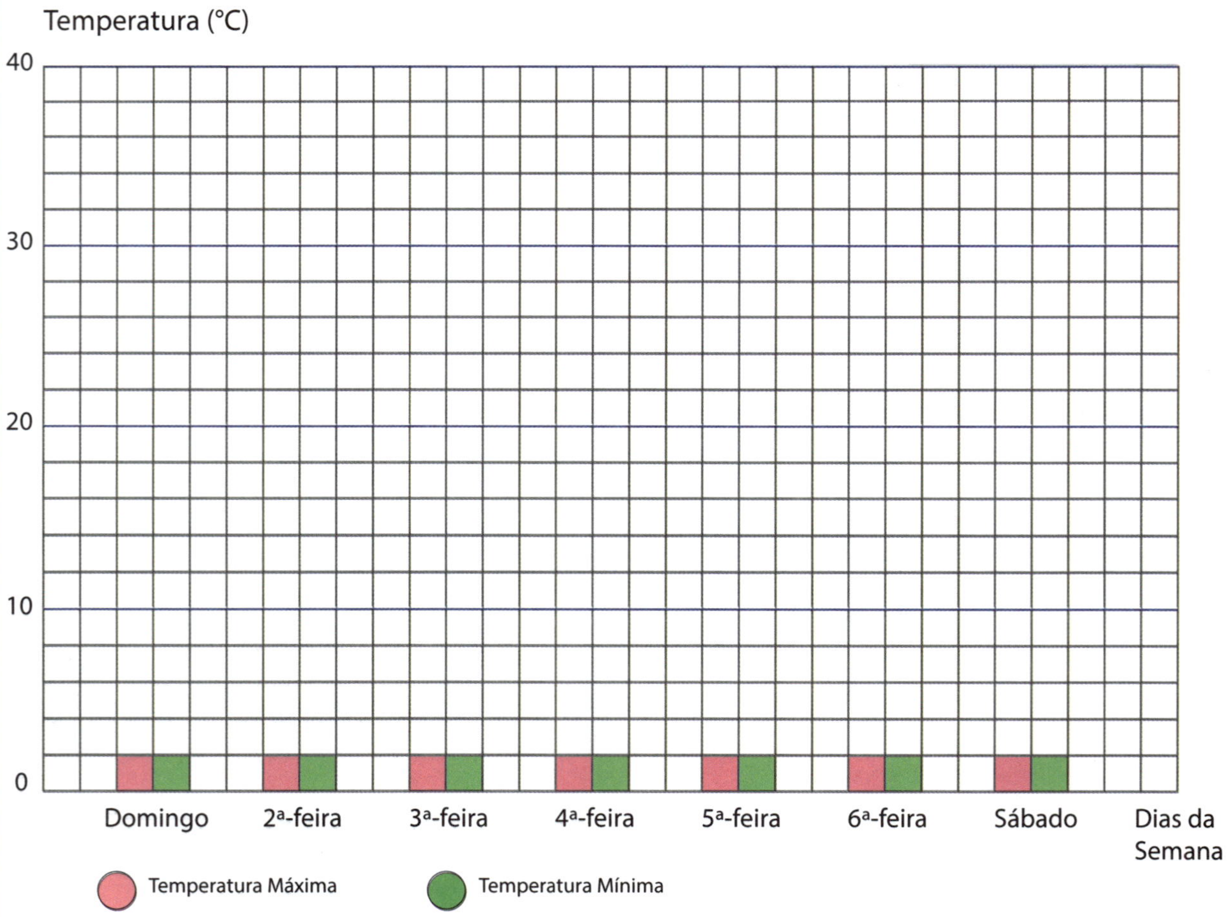

EDITORIA DE ARTE

5. Segundo o Conselho Federal de Farmácia, a temperatura normal do ser humano, medida nas axilas, varia entre 34,7 °C e 37,4 °C. Acima dessa medida, a temperatura indica estado febril.

Fonte: CFF, Guia de Prática Clínica: sinais e sintomas não específicos: febre, v. 3, Brasília: CFF, 2018. Disponível em: https://www.cff.org.br/userfiles/GuiaFebre.pdf. Acesso em: 20 dez. 2022.

Assinale as temperaturas que correspondem a estado febril.

☐ 38,6 °C ☐ 37,9 °C ☐ 36,8 °C ☐ 39,1 °C

6. Com a ajuda de um adulto, meça sua temperatura.

a) Que temperatura você obteve? ______________________

b) Você está com febre? Por quê?

____

____

7. Fernanda está resfriada, e sua mãe mediu sua temperatura. Observe a imagem e responda: Fernanda está em estado febril?

SHUTTERSTOCK

____

DIÁRIO DE BORDO

Nessas atividades, você aprendeu que:

- no Brasil, a temperatura é medida em grau Celsius (°C);
- a temperatura de um lugar varia ao longo do dia e do ano, sendo possível identificar temperaturas máximas e mínimas;
- a temperatura corporal normal para os seres humanos varia e depende da parte do corpo em que é medida.

SEQUÊNCIA

15 TABELAS E GRÁFICOS

VAMOS COMEÇAR!

A escola de Lívia está organizando uma competição esportiva e decidiu pesquisar, entre os alunos, os tipos de esporte em que gostariam de participar. Observe o resultado no gráfico.

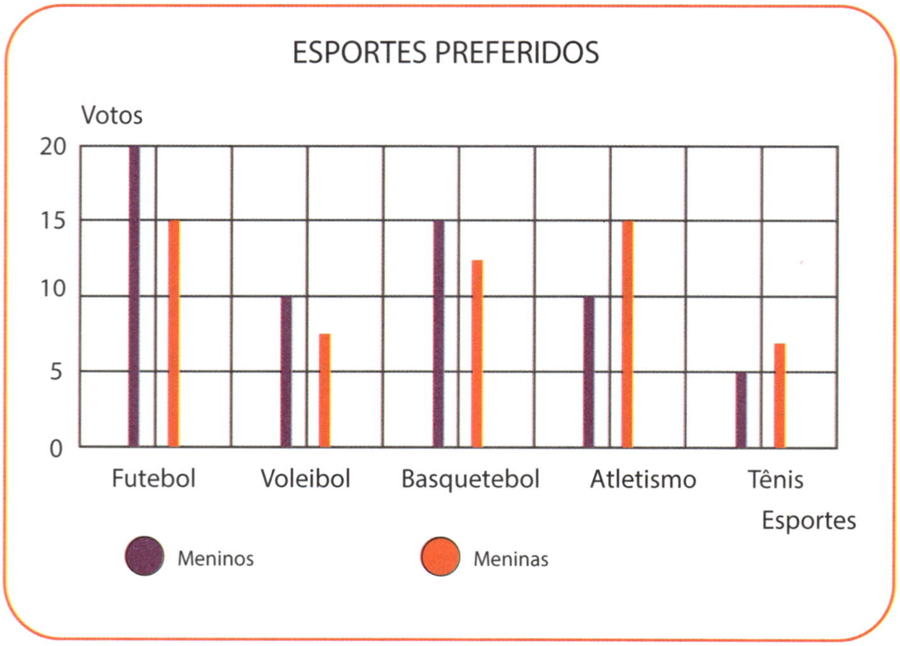

SHUTTERSTOCK/MARIANA TIEMI

a) Quais foram os esportes escolhidos com maior frequência pelas meninas?

b) Qual foi o esporte escolhido com maior frequência pelos meninos?

c) Qual foi o esporte escolhido com menor frequência?

VAMOS ENTENDER!

1. A escola onde Amanda estuda oferece uma fruta para cada aluno na hora do lanche. Para organizar o cardápio, a escola realizou uma pesquisa para saber a fruta preferida dos alunos. Observe no quadro o resultado da pesquisa.

Fruta preferida	Número de votos
Banana	75
Maçã	84
Laranja	26
Mamão	45
Melancia	52

a) Quantos alunos participaram dessa votação?

___

b) Qual fruta foi votada com maior frequência?

___

c) Qual fruta foi votada com menor frequência?

___

d) Se a escola passar a oferecer as duas frutas mais votadas na hora do lanche, quantos alunos poderão comer sua fruta preferida?

___

___

e) Dê uma sugestão para que a escola organize o cardápio oferecendo 2 frutas a cada dia e atendendo a todos os alunos.

2. A escola de Luan fez uma pesquisa sobre as atividades de lazer que os alunos do 4º ano praticam aos fins de semana. Veja no quadro a seguir o resultado da pesquisa.

Atividades de lazer	Número de alunos
Assistir à televisão	12
Jogar futebol	9
Jogar *videogame*	6
Passear no *shopping center*	4
Ir à praia	3

a) Qual é o total de alunos que participaram dessa consulta?

____

b) Qual é a atividade de lazer com maior frequência?

____

c) Qual é a atividade de lazer que teve menor frequência?

____

d) Escreva um texto contando qual é a atividade de lazer preferida entre os alunos do 4º ano da escola de Luan. Dê sua opinião a respeito dessa atividade e comente se ela também é sua preferida ou não.

____

____

____

____

____

____

____

____

3. Na tabela a seguir foram registradas as cores preferidas dos alunos do 4º ano.

Cor preferida	Número de alunos
Vermelho	7
Verde	5
Roxo	3
Azul	9
Amarelo	6
Preto	3
Rosa	8
Branco	4

a) Represente esses dados em um gráfico de colunas.

CORES PREFERIDAS DOS ALUNOS DO 4º ANO

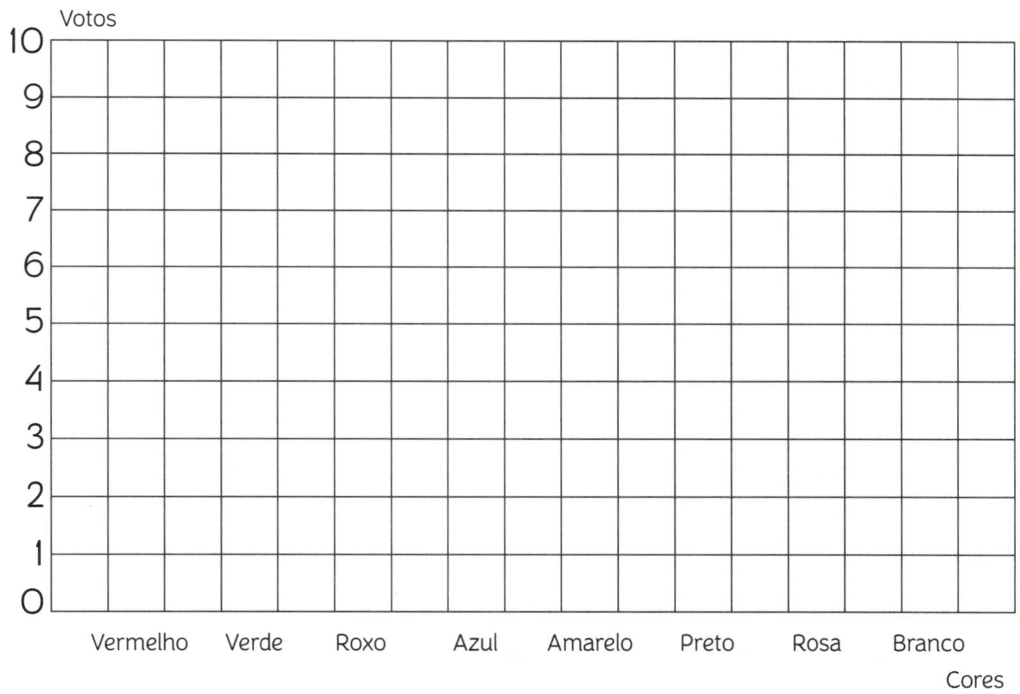

b) Escreva um texto contando quais são as cores votadas com maior e com menor frequência.

___

___

___

4. Rafaela decidiu se matricular em uma academia próxima à sua casa. Veja no quadro a seguir as modalidades, os dias da semana e o valor de cada uma delas.

Modalidade	Dias da semana	Horário	Valor
Natação	Segunda/Quarta/Sexta	8 horas	R$ 90,00
Hidroginástica	Terça/Quinta	8 horas	R$ 90,00
Musculação	Segunda a Sábado	Das 7 horas às 20 horas	R$ 120,00
Caratê	Terça/Quinta	16 horas	R$ 80,00
Ginástica	Segunda/Quarta/Sexta	17 horas	R$ 75,00
Dança	Terça/Quinta/Sábado	15 horas	R$ 85,00

a) Quais são os dias das aulas de ginástica?

___

b) Qual modalidade tem a mensalidade mais cara e qual tem a mensalidade mais barata?

___

c) Rafaela escolheu as modalidades musculação e dança. Qual será o valor da mensalidade na academia?

___

d) Em que dia da semana a academia não funciona?

___

5. As turmas de 4º ano da escola de Erick participaram dos jogos escolares. Veja na tabela a seguir o desempenho de cada turma.

Turmas \ Medalhas	Ouro	Prata	Bronze	Total
4º ano A	1	7	6	
4º ano B	3	4	6	
4º ano C	2	6	8	
4º ano D	2	7	6	
Total				

Complete o quadro com o total de medalhas de cada tipo e de cada turma.

a) Que turma ganhou mais medalhas de ouro? Quantas?

____

b) Que turma ganhou mais medalhas de bronze? Quantas?

____

c) Que turma ganhou mais medalhas no total?
Qual é a quantidade de medalhas ganhas?

____

d) Quantas medalhas de prata receberam as turmas do 4º ano?

____

e) Somando as medalhas de ouro, prata e bronze, quantas medalhas foram entregues na competição?

____

6. Juan fez um gráfico com o consumo de energia elétrica de sua residência ao longo de 6 meses. No eixo vertical, ele indicou o consumo de energia em quilowatt-hora (kWh).

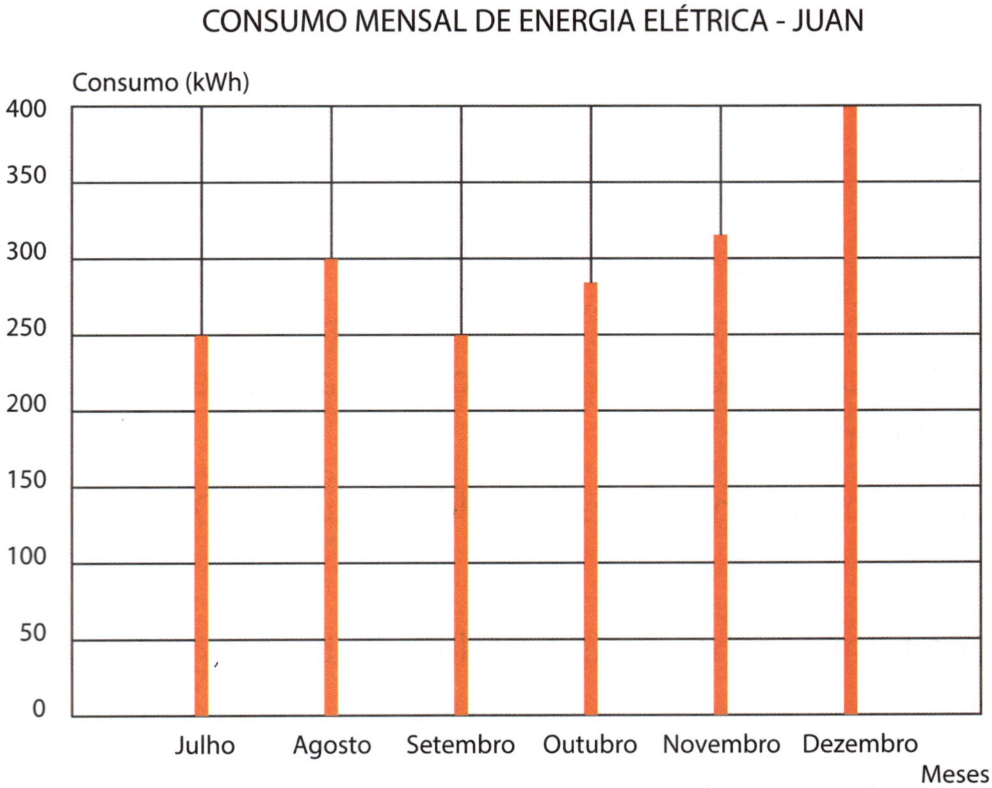

MARIANA TIEMI

a) Em que mês o consumo de energia elétrica foi maior? Qual foi a energia consumida?

____

b) Em que meses o consumo de energia elétrica foi o mesmo?

____

c) Que sugestões você daria a Juan para que ele conseguisse economizar energia elétrica nos meses em que o consumo foi maior?

____

____

____

7. A escola onde Laura estuda realizou uma gincana para arrecadar alimentos e brinquedos para doar a uma instituição de caridade. O gráfico mostra o número de itens que cada turma arrecadou.

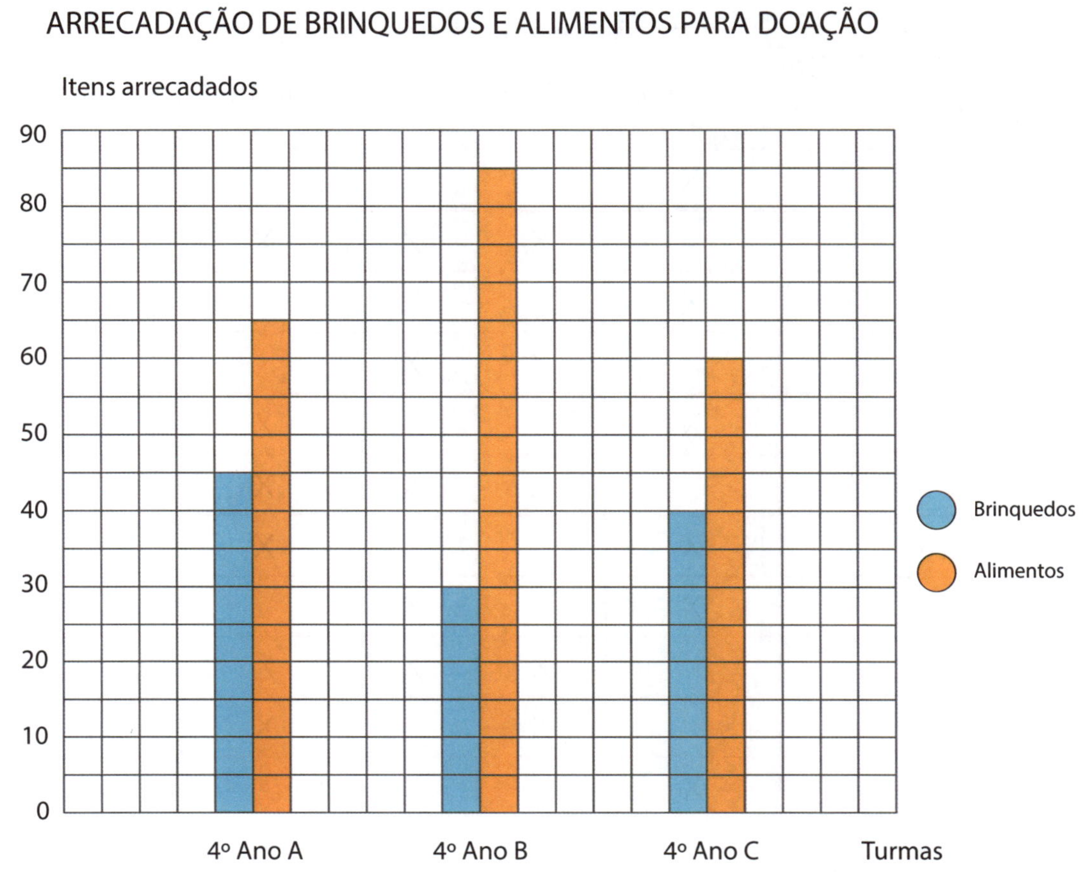

MARIANA TIEMI

a) Qual turma arrecadou mais alimentos? Qual arrecadou menos?

____

b) Qual turma arrecadou mais brinquedos? Qual arrecadou menos?

____

c) Qual das três turmas conseguiu arrecadar mais alimentos e brinquedos juntos?

____

d) De acordo com a análise do gráfico, você acha correto apenas uma turma ser premiada ou todas as turmas que participaram da arrecadação? Escreva no caderno sua opinião.

8. Mariana ficou responsável por fazer a pesquisa sobre as frutas preferidas dos membros de sua comunidade para preparar a salada de frutas para a festa de confraternização. Cada pessoa votou em 3 frutas. Observe como ela registrou sua pesquisa.

Nome \ Fruta	Banana	Maçã	Uva	Mamão	Melão	Abacaxi
Paula	X	X			X	
Ana		X	X	X		
Fábio	X		X			X
Luana		X	X		X	
Luan	X			X		X
Carlos		X	X	X		
Alberto	X			X		X
Mateus	X		X			X
Bianca		X	X	X		
Letícia		X		X	X	
Regina	X	X	X			
Camila				X	X	X
Antônio		X		X	X	
Pedro	X	X				X
Mariana	X	X		X		

a) Complete o quadro com a quantidade de votos que cada fruta recebeu.

Fruta escolhida	Votos
Banana	
Maçã	
Uva	
Mamão	
Melão	
Abacaxi	

b) Construa um gráfico de barras com as informações contidas na tabela.

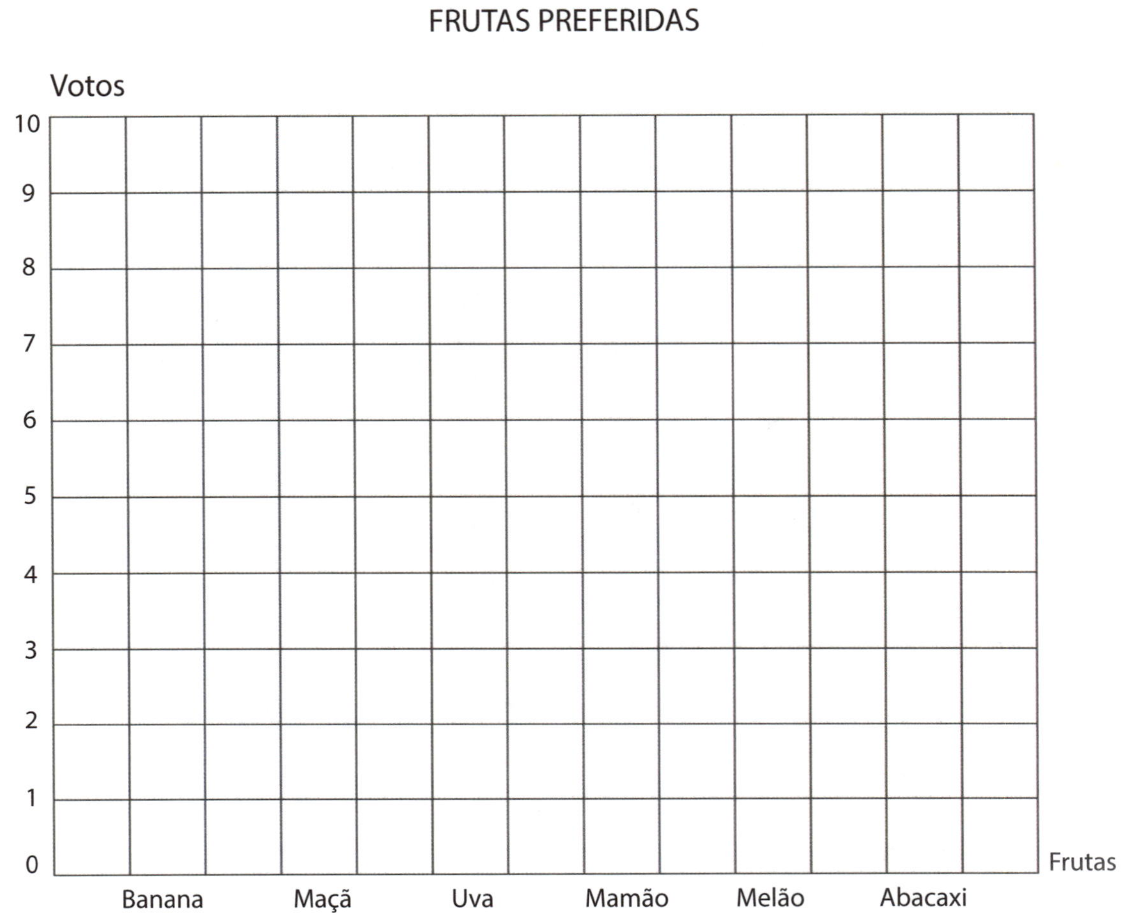

MARIANA TIEMI

c) Quantos votos houve no total?

____

d) Quantas pessoas foram consultadas?

____

e) Qual é a fruta preferida pela comunidade?

____

f) Quais frutas Mariana deve escolher para fazer a salada de frutas?

____

____

9. Uma floricultura resolveu registrar suas vendas mensais do primeiro semestre em um gráfico.

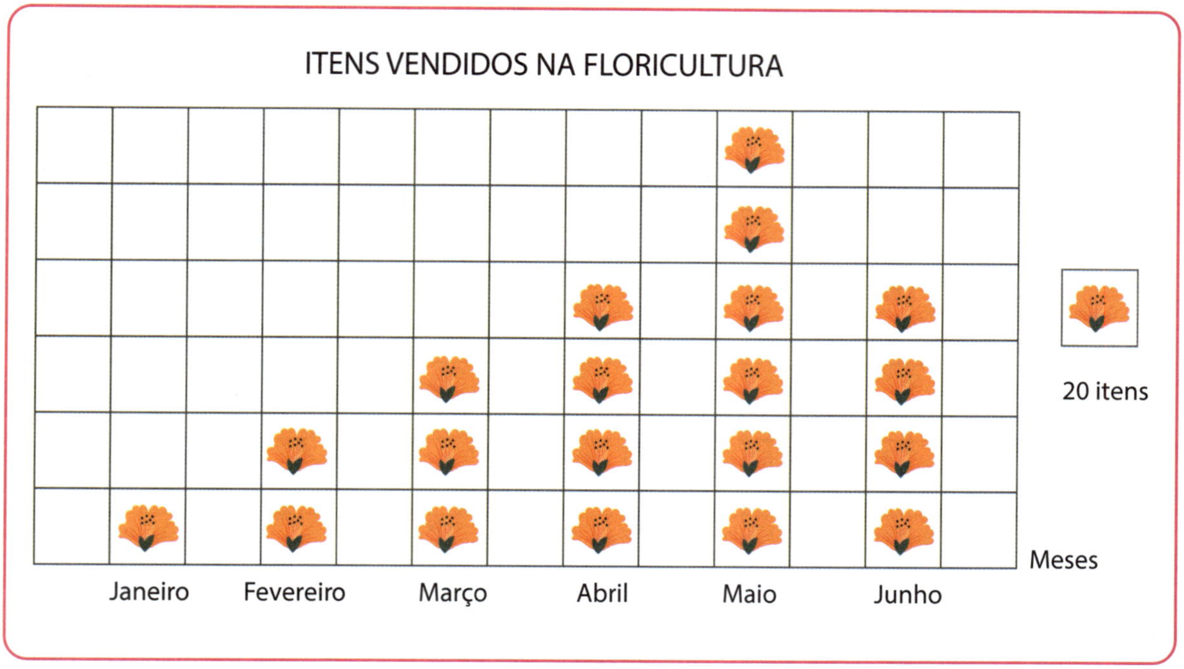

MARIANA TIEMI

a) Escreva o número de itens vendidos nos meses a seguir.

- Janeiro: ____________.
- Fevereiro: ____________.
- Março: ____________.
- Abril: ____________.
- Maio: ____________.
- Junho: ____________.

b) Qual mês obteve o maior número de vendas? E o menor?

____

____

c) Quais foram os meses em que a floricultura fez o mesmo número de vendas?

____

d) Qual foi o total de itens vendidos durante esse semestre?

____

10. Realize uma pesquisa com 50 pessoas da escola perguntando em que mês do ano nasceram.

PESQUISA SOBRE O MÊS DE NASCIMENTO

Meses do ano	Número de pessoas
Janeiro	
Fevereiro	
Março	
Abril	
Maio	
Junho	
Julho	
Agosto	
Setembro	
Outubro	
Novembro	
Dezembro	

- Identifique os meses votados com maior e menor frequência.

____

____

DIÁRIO DE BORDO

Nessas atividades, você aprendeu que:

- as informações podem ser organizadas em tabelas e gráficos;
- as opções mais votadas são as que têm maior **frequência**;
- o resultado de uma pesquisa é importante para se tomar decisões.

SEQUÊNCIA

16 CHANCE

VAMOS COMEÇAR!

Para saber quem vai começar um jogo, Alice e Miguel estão decidindo uma regra.

SHUTTERSTOCK/EDITORIA DE ARTE

a) Ao lançar 2 dados ao mesmo tempo, qual é a menor pontuação possível?

b) De quantas maneiras diferentes é possível somar 6 pontos jogando 2 dados ao mesmo tempo?

c) O que tem a maior chance de acontecer no lançamento de 2 dados: somar 12 pontos ou 10 pontos? Por quê?

VAMOS ENTENDER!

1. No lançamento de um dado comum, avalie as situações a seguir como possíveis ou impossíveis.

a) Sair o número 5: ______________________

b) Sair um número ímpar: ______________________

c) Sair um número maior do que 6: ______________________

d) Sair o número 0: ______________________

e) Sair um número par: ______________________

2. Para o lançamento de um dado comum, responda:

a) Quais são todas as pontuações possíveis?

____

b) Qual pontuação tem maior chance?

____

c) Qual é a chance de se obter 5 pontos no lançamento de um dado?

____

____

d) Há maior chance de sortear um número par ou um número ímpar? Por quê?

____

____

O lançamento de um dado pode ser chamado de **evento**. O conjunto de eventos possíveis no lançamento do dado, ou seja, 1, 2, 3, 4, 5, e 6 forma o **espaço amostral**.

3. No lançamento de uma moeda, qual é o espaço amostral?

____

4. Gustavo e Lara estão brincando de par ou ímpar com uma das mãos. Complete o quadro com todos os resultados possíveis nesse jogo, ou seja, com o espaço amostral.

Gustavo \ Lara	1 dedo	2 dedos	3 dedos	4 dedos	5 dedos
1 dedo	2				
2 dedos					
3 dedos					
4 dedos					
5 dedos					

a) Quantas possibilidades diferentes para a colocação dos dedos há nesse jogo?

____

b) Quantos resultados diferentes são possíveis obter somando os dedos?

____

c) Qual é o resultado com maior chance de ser obtido? Qual é a chance?

____

d) Quais são os resultados com menor chance de serem obtidos? Qual é a chance?

____

e) Nesse jogo, é possível obter 12 como resultado?

____

5. Quais são as possibilidades de pontuação no lançamento de 2 dados ao mesmo tempo? Complete indicando o espaço amostral do lançamento de 2 dados.

- Somando 2 pontos: 1 1.
- Somando 3 pontos: 1 2; 2 1.
- Somando 4 pontos: ___ ___; ___ ___; ___ ___.
- Somando 5 pontos: ___ ___; ___ ___; ___ ___; ___ ___.
- Somando 6 pontos: ___ ___; ___ ___; ___ ___; ___ ___; ___ ___.
- Somando 7 pontos: ___ ___; ___ ___; ___ ___; ___ ___; ___ ___; ___ ___.
- Somando 8 pontos: ___ ___; ___ ___; ___ ___; ___ ___; ___ ___.
- Somando 9 pontos: ___ ___; ___ ___; ___ ___; ___ ___.
- Somando 10 pontos: ___ ___; ___ ___; ___ ___.
- Somando 11 pontos: ___ ___; ___ ___.
- Somando 12 pontos: ___ ___.
- Qual pontuação tem maior chance de acontecer no lançamento de 2 dados?

____

SHUTTERSTOCK

6. O avô de Enzo, que adora matemática, fez uma brincadeira. Numerou 12 bolinhas, de 1 a 12, e colocou os números pares em uma caixa e os números ímpares em outra caixa. Depois, desafiou Enzo a escolher ao acaso uma bolinha de cada caixa e, sem olhar os números, tentar adivinhar a soma deles. Se ele acertar, ganhará um prêmio.

Complete o quadro com todas as somas possíveis entre os números que Enzo poderá sortear.

Ímpares / Pares	1	3	5	7	9	11
2						
4						
6						
8						
10						
12						

a) Se Enzo chutar um número par para a soma dos números sorteados, qual é a chance de ele acertar?

____

____

b) A chance é maior de a soma ser maior ou menor do que 10?

____

c) A chance é maior de a soma ser maior ou menor do que 20?

____

d) Que número Enzo deve falar para ter a maior chance de acertar?

____

____

7. Pedro tem uma cafeteria. Todo fim de semana ele sorteia um brinde entre os clientes que compram um café especial. Para isso, ele entrega um bilhete com um número para cada cliente que compra esse café. Observe no quadro quantos bilhetes ele distribuiu na última semana.

Clientes	Número de bilhetes
Camila	3
Mariana	2
Simone	1
Francisco	3
José	1
Luís	5

a) Quantos bilhetes foram distribuídos nessa semana?

____

____

b) Qual é a chance de cada cliente ganhar o brinde no sorteio?

Camila: _______________ Francisco: _______________

Mariana: _______________ José: _______________

Simone: _______________ Luís: _______________

c) Qual cliente tem maior chance de ganhar o brinde?

____

d) É possível afirmar com certeza que o cliente com maior chance de ganhar terá um de seus bilhetes sorteado?

____

____

8. A professora de Helena escolhe o ajudante do dia fazendo um sorteio pelo número de cada aluno na lista de presença. Como na turma há 20 alunos, ela coloca em uma caixa 20 bolinhas com os números dos alunos. A cada dia ela tira uma bolinha, sem olhar, para definir o ajudante do dia.

SHUTTERSTOCK/EDITORIA DE ARTE

a) Qual é a chance de Helena ser sorteada no primeiro dia?

____

____

b) Qual é a chance de ser sorteado um número par no primeiro dia?

____

____

c) Se na turma de Helena há 12 meninas e 8 meninos, qual é a chance de um menino ser sorteado no primeiro dia?

____

____

d) Se cada número sorteado não voltar para a caixa, após 5 dias quantas bolinhas haverá na caixa?

____

____

e) Se Helena não tiver sido sorteada nos 5 primeiros dias, qual será a chance de ela ser sorteada no sexto dia?

____

____

9. Heitor comprou balas de goma. Ele recebeu da vendedora uma embalagem com 5 balas de morango, 4 de abacaxi e 1 de limão. Ele vai pegar uma bala ao acaso.

a) Há mais chance de Heitor pegar uma bala de abacaxi ou de limão?

____

b) Qual é a chance de a bala ser de morango?

____

c) Qual é a chance de a bala ser de limão?

____

d) Qual é a chance de a bala ser de laranja?

____

10. Gabriela coleciona figurinhas de animais e vai sortear, ao acaso, algumas figurinhas para dar às amigas.

SHUTTERSTOCK/MARIANA TIEMI

Ela vai pegar a primeira figurinha ao acaso. Qual é a chance de ela tirar:

a) Um peixe: ______________________________

b) Um animal com asas: ______________________________

c) Uma cobra: ______________________________

11. Júlio e seu irmão estão organizando as gavetas. Ele colocou 9 camisetas brancas, 5 verdes e 2 vermelhas em uma gaveta.

SHUTTERSTOCK

a) Se Júlio retirar uma camiseta da gaveta sem olhar, qual cor de camiseta tem maior chance de ser escolhida?

☐ branca ☐ vermelha ☐ verde ☐ preta

b) Qual cor de camiseta tem menor chance de ser escolhida?

☐ branca ☐ vermelha ☐ verde ☐ preta

c) Qual é a chance de Júlio escolher, ao acaso, uma camiseta verde?

____

d) Se Júlio retirar 3 camisetas ao acaso, qual é a chance de as 3 serem vermelhas?

____

12. Em um saco foram colocadas 8 bolinhas numeradas.

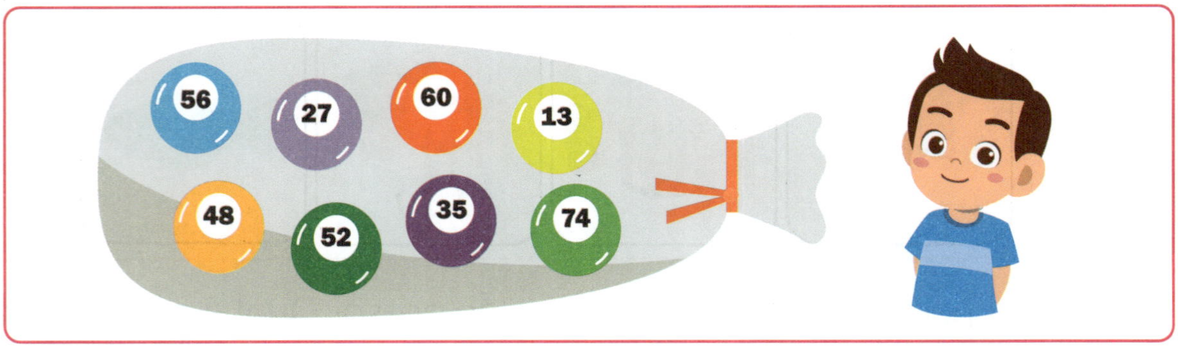

SHUTTERSTOCK/MARIANA TIEMI

Ao sortear uma bolinha, há maior chance de sair um número par ou ímpar? Por quê?

____

____

13. Márcio organizou frutas em caixotes para vender na feira. No caixote 1, ele colocou 20 tangerinas e 25 laranjas; no caixote 2, ele colocou 25 tangerinas e 20 laranjas. Se um cliente retirar uma fruta sem olhar, em qual caixote ele tem mais chance de pegar uma laranja? Qual é a chance? Explique.

____

____

14. Observe.

a) Se você sortear uma bola dessa caixa ao acaso, qual cor tem a maior chance de ser retirada? Qual é a chance?

SHUTTERSTOCK/ MARIANA TIEMI

____

b) Qual cor tem a menor chance de ser retirada? Qual é a chance?

____

15. Ricardo vai distribuir brinquedos entre algumas crianças. Ele colocou números nos brinquedos e vai sortear um número.

SHUTTERSTOCK/MARIANA TIEMI

a) Qual é o brinquedo com maior chance de ser sorteado? Qual é a chance? ______________________________

b) Qual é o brinquedo com menor chance de ser sorteado? Qual é a chance? ______________________________

16. Veja a roleta a seguir.

SHUTTERSTOCK/MARIANA TIEMI

a) Qual é a chance de o ponteiro parar na cor vermelha?

____

b) Qual é a chance de o ponteiro parar na cor amarela?

____

c) Qual é a chance de o ponteiro não parar na cor azul?

____

d) Quais cores têm a mesma chance nessa roleta?

____

17. Nicolas vai jogar para cima, ao mesmo tempo, duas moedas de 1 real e avaliar o resultado.

Cara

Coroa

SHUTTERSTOCK

a) Quantos resultados possíveis ele pode obter?

____

____

b) O que é maior, a chance de obter 2 caras ou 2 coroas?

____

c) Qual é a chance de obter uma cara e uma coroa no lançamento?

____

18. A professora de Laura escreveu as letras da palavra PARALELEPÍPEDO em fichas, colocando uma letra em cada ficha.

SHUTTERSTOCK/
EDITORIA DE ARTE

Todas as fichas serão colocadas em uma caixa, e cada aluno vai sortear uma ficha ao acaso. Em seguida, deve verificar qual é a letra da ficha retirada e devolvê-la à caixa.

a) Qual letra tem maior chance de ser sorteada? Qual é a chance?

___

b) Qual é a chance de sortear a letra A?

___

c) Quais letras cuja chance de serem sorteadas é de 2 em 14?

___

d) Qual é a chance de sair uma vogal?

___

e) A chance de sair a letra P é maior ou menor do que a de sair a letra D?

___

___

f) Qual chance é maior: a de sortear uma consoante ou a de sortear uma vogal? Por quê?

___

___

19. Ian está sorteando letras em um jogo de palavras cruzadas. Estão disponíveis para ele sortear as 26 letras do alfabeto, sem repetição.

a) Qual é a chance de ele sortear primeiro uma vogal?

____

b) Qual é a chance de ele sortear 2 letras A?

____

20. Na festa de fim de ano da escola de Davi será sorteado um telefone celular entre os funcionários. A tabela mostra a quantidade de funcionários de acordo com cada cargo.

Cargo	Funcionários
Professores	10
Serviços gerais	3
Atendentes de secretaria	5
Coordenadores	2

a) Quantos funcionários ao todo vão participar do sorteio? ______

b) Qual é a chance de um funcionário de cada cargo ser sorteado?

- Professores: ______________________
- Serviços gerais: ______________________
- Atendentes de secretaria: ______________________
- Coordenadores: ______________________

c) Qual é a chance de a professora de Davi ser sorteada?

____

21. Observe a roleta.

a) Ao girar a roleta, é mais provável acertar um animal ou uma fruta?

____

____

b) Qual é a chance de acertar um morango?

____

DIÁRIO DE BORDO

Nessas atividades, você aprendeu que:

- o **espaço amostral** reúne todos os **eventos possíveis** em um experimento;
- para saber a **chance** de um evento acontecer, é preciso conhecer o espaço amostral.

MOEDAS

CASA DA MOEDA

CÉDULAS

CASA DA MOEDA

Quadriculado de 1 cm

Quadriculado de 0 ,5 cm